村野式熱中ゲーム
さいころ作文96

新学習方式の提案

村野聡作文指導研究室 著

はじめに

最新視写作文教材「さいころ作文」の登場である。

さいころ作文とは、転がしたさいころの目に応じて指定された言葉をつないで文を作る教材である。

さいころ作文には４つの効果がある。

１　さいころの目に応じた言葉を視写しながら文を作るので誤文にならない。
２　どんな文ができるのかワクワクするので楽しく学習できる。
３　教科書や指導要領に準拠しているので指導計画に位置付けながら使用できる。
４　エラーレスなので自習教材（宿題・補教）として活用できる。

この教材の着想は家庭学習用の作文教材の開発から始まった。

子供がすすんで家庭学習をしたくなる教材。なおかつ、作文力が身に付く教材。

こんな教材が理想であった。

そこで考えついたのがさいころ作文である。

さいころを振ることで、予期せぬ文や文章が完成するので喜んで取り組む。

すでに、私がセミナー等で紹介した試作版が多くの教師によって実践されている。

実践報告が私の元に届くことがあるのだが、すこぶる好評である。

子供が熱中してさいころ作文に取り組んだという報告ばかりであった。

それは、宿題や補教でも同様だったという。

さいころ作文は指定された言葉をつなぐ視写教材なので、誤文になることがない。ここが、自主教材として有効な理由だ。教師がいなくても子供が正確な文を書くエラーレス教材なのである。

授業で使用する場合、教科書のミニ言語単元に出てくる「文や文章」など言葉の学習に位置付けて活用できる。

なお、さいころ作文のワークシートにはＱＲコードがついている。これはウェブさいころのリンクである。本物のさいころがなくても端末を使ってウェブさいころを使用できる。家庭でもスマホで読み取れば気楽にさいころ作文に取り組める。

本書の執筆は２０２１年11月に立ち上げたオンラインによる研究会「村野聡作文指導研究室」のメンバーから募った。一度、オンラインで打ち合わせをし、あとはFacebookのプライベートルームで教材の検討・修正を進める形で作成した。

やっとここに完成を見たことがとても嬉しい。

本書の刊行に尽力された学芸みらい社の樋口雅子氏にこの場をお借りしてお礼を申し上げたい。

さいころ作文が教室で新たな旋風を巻き起こすことを楽しみにしている。

二〇二三年一月

村野聡作文指導研究室　代表　**村野　聡**

本書の構成と使い方

構成

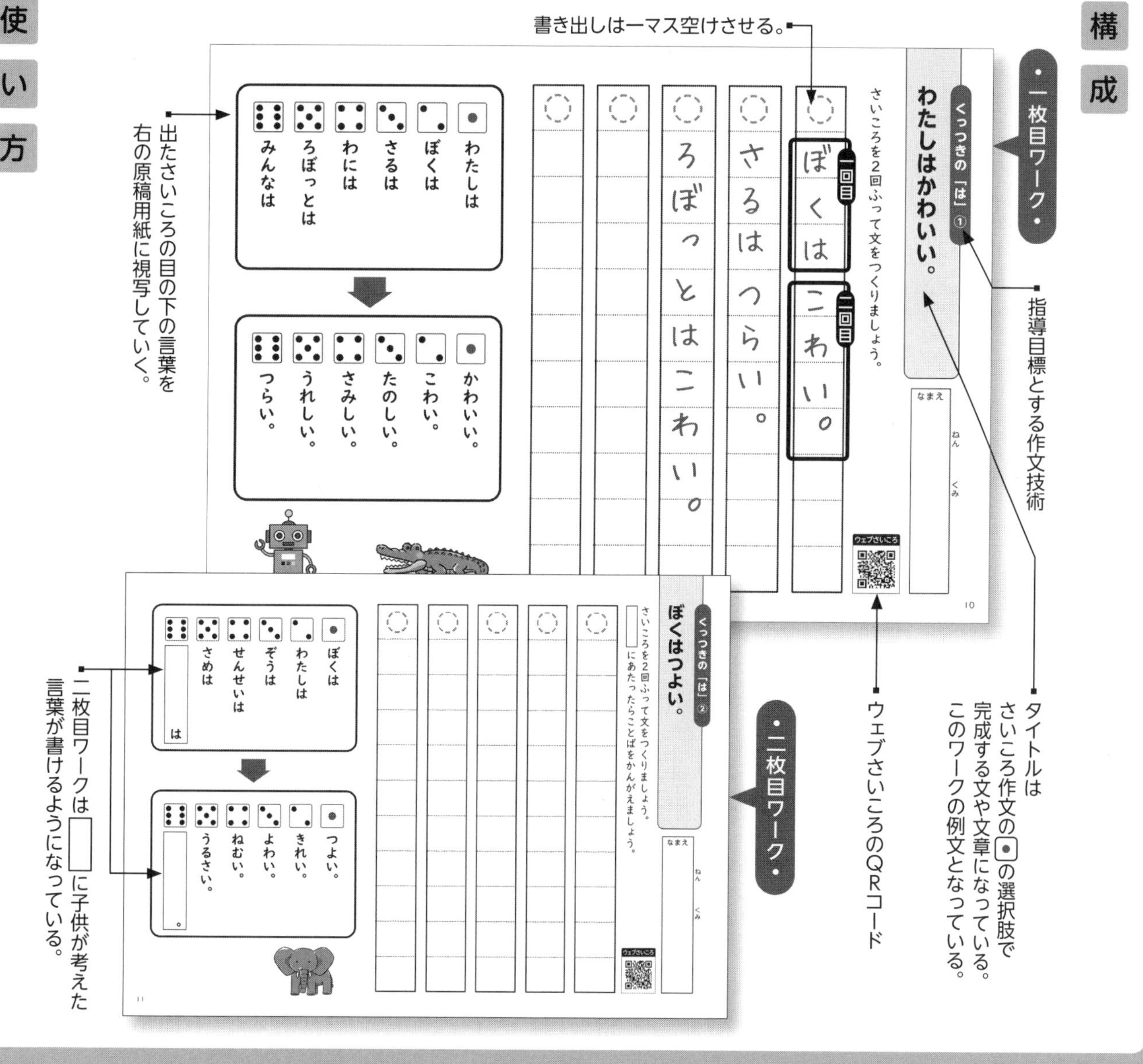

使い方

①まず、さいころを振る。出た目の言葉を右側の原稿用紙に視写する。（書き出しは一マス空ける。）
②同様にさいころを振り、二つ目の言葉を原稿用紙に視写する。
③指定された回数のさいころを振り、文や文章を完成させる。
④原稿用紙の数だけ文や文章を作ることができる。
⑤ワークは二枚セットで一つの作文技術を扱っている。
⑥二枚目のワークには□がある。ここに当たった場合は、自分で言葉を考えて書き込む。事前に書き込ませてから始めてもよい。
⑦QRコードを読み取るとウェブさいころが使える。

目次

中学年編

高学年編

村野式熱中ゲーム

さいころ作文96

低学年 編

主語と述語①

いもうとがなく。

さいころを2回ふって文をつくりましょう。

なまえ

ねん　くみ

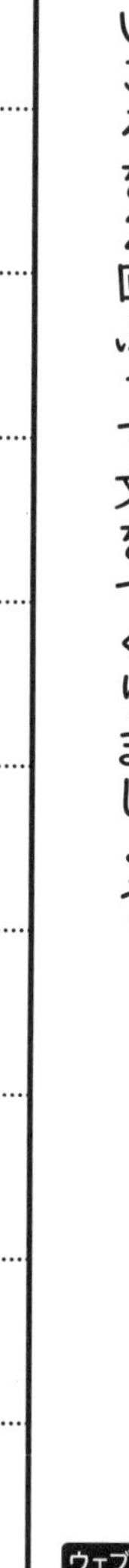

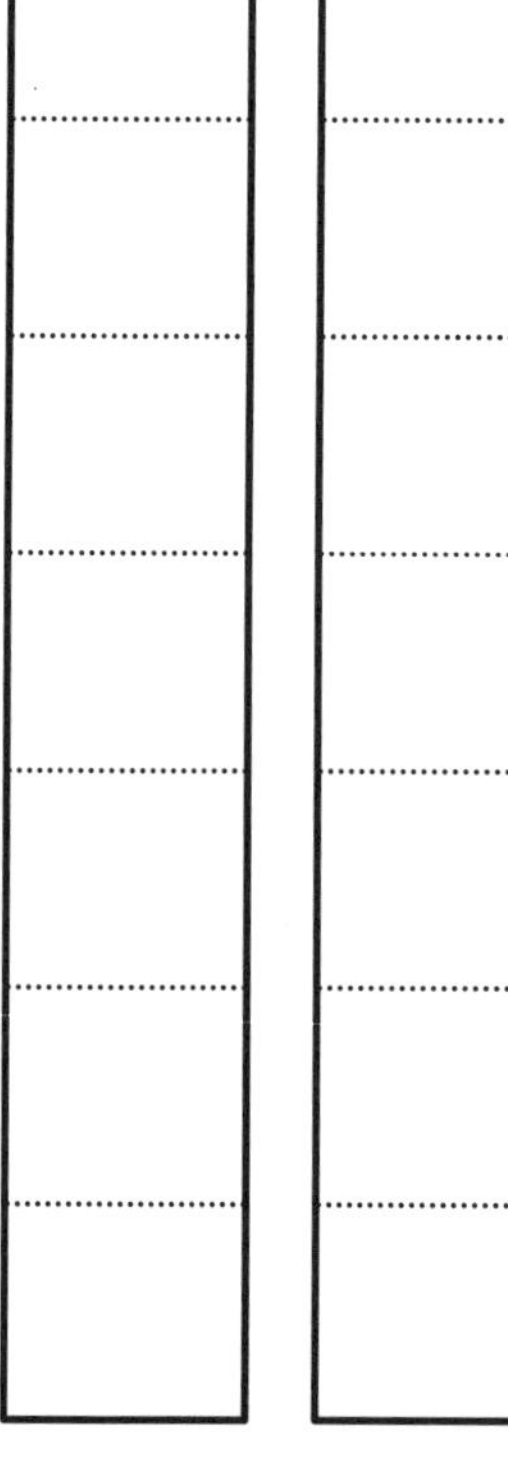

さいころの目	1回目	2回目
1	いもうとが	なく。
2	ともだちが	ねる。
3	いぬが	ころぶ。
4	だるまさんが	はなす。
5	おばけが	あそぶ。
6	みんなが	わらう。

とりがあるく。

なまえ

ねん　くみ

さいころを2回ふって文をつくりましょう。

□にあたったらことばをかんがえましょう。

ウェブさいころ

⚀	⚁	⚂	⚃	⚄	⚅
とりが	ともだちが	ねこが	おとうさんが	むしが	□が

⚀	⚁	⚂	⚃	⚄	⚅
あるく。	とぶ。	かなしむ。	にげる。	ふえる。	□。

くっつきの「は」①

わたしはかわいい。

さいころを2回ふって文をつくりましょう。

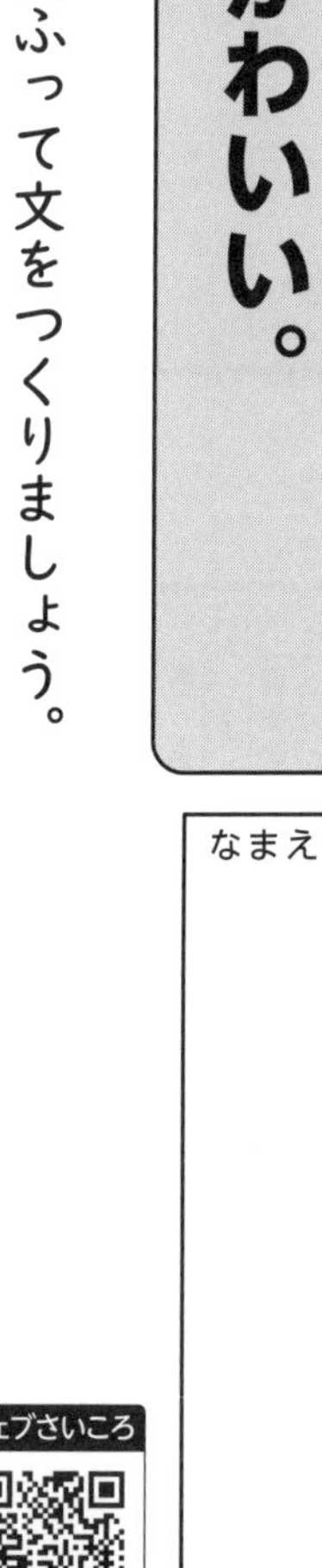

なまえ

ねん　くみ

ウェブさいころ

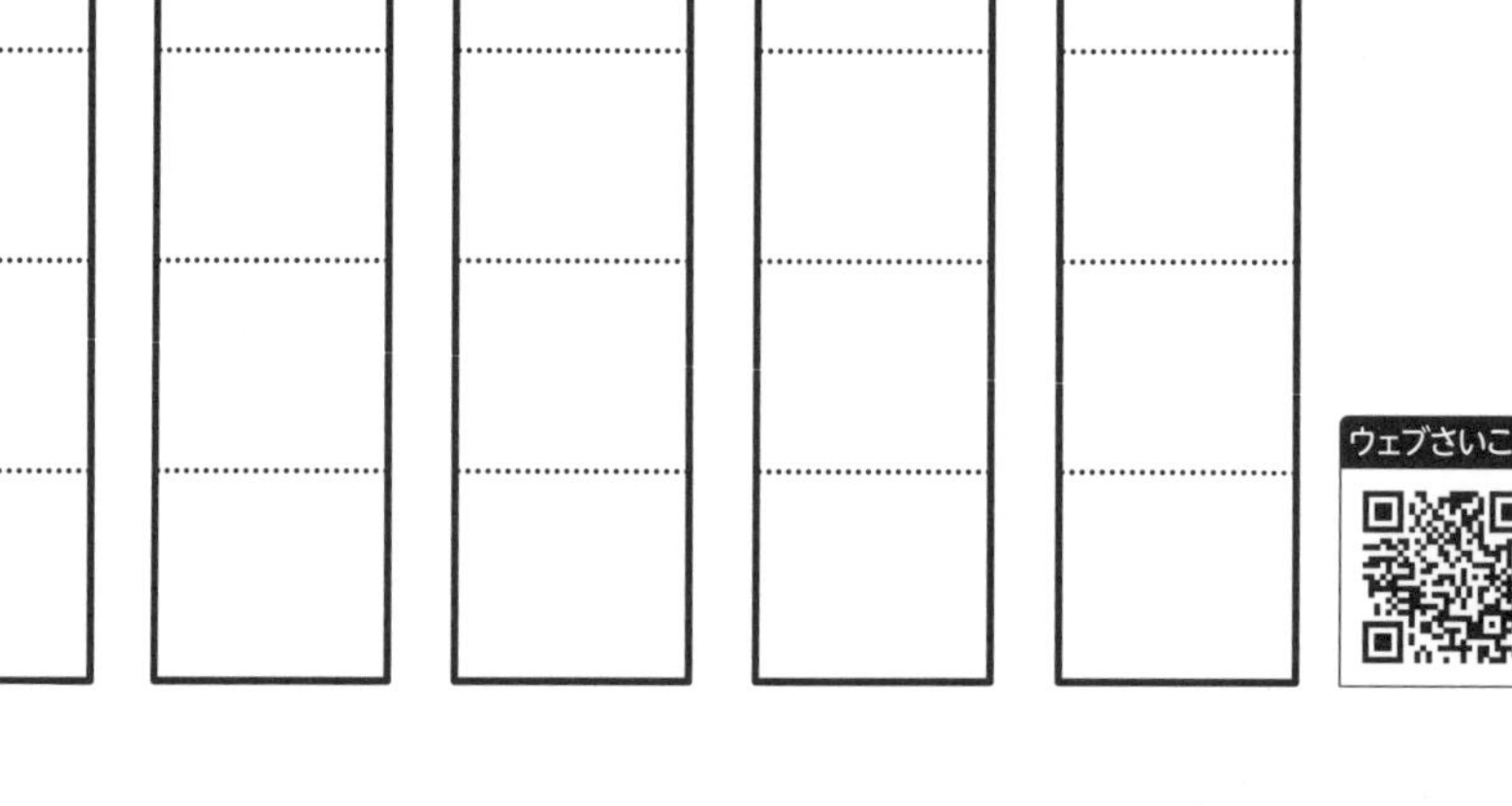

さいころ	
1	わたしは
2	ぼくは
3	さるは
4	わには
5	ろぼっとは
6	みんなは

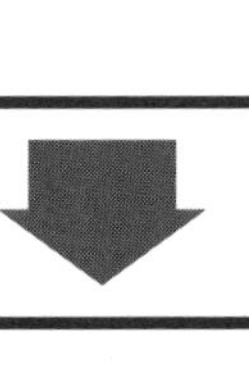

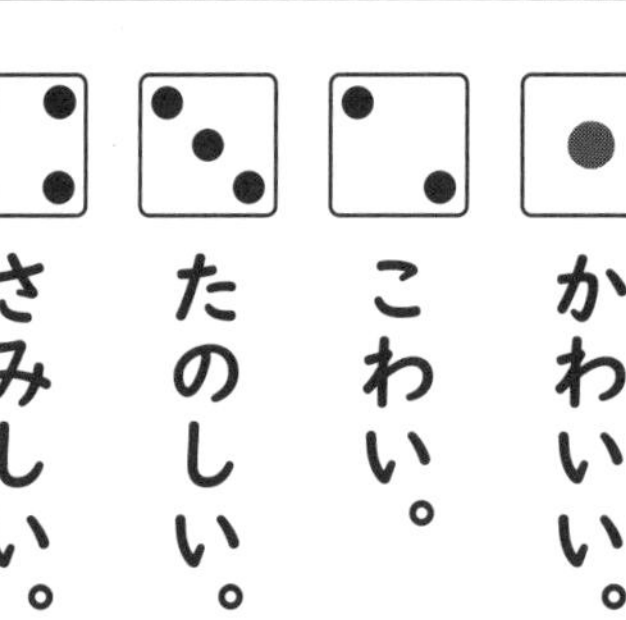

さいころ	
1	かわいい。
2	こわい。
3	たのしい。
4	さみしい。
5	うれしい。
6	つらい。

ぼくはつよい。

なまえ

ねん　くみ

さいころを2回ふって文をつくりましょう。

□にあたったらことばをかんがえましょう。

ウェブさいころ

⚀	⚁	⚂	⚃	⚄	⚅
ぼくは	わたしは	ぞうは	せんせいは	さめは	□は

↓

⚀	⚁	⚂	⚃	⚄	⚅
つよい。	きれい。	よわい。	ねむい。	うるさい。	□。

くっつきの「を」①

ぼくはおかねをもらう。

さいころを4回ふって文をつくりましょう。

なまえ

ねん　くみ

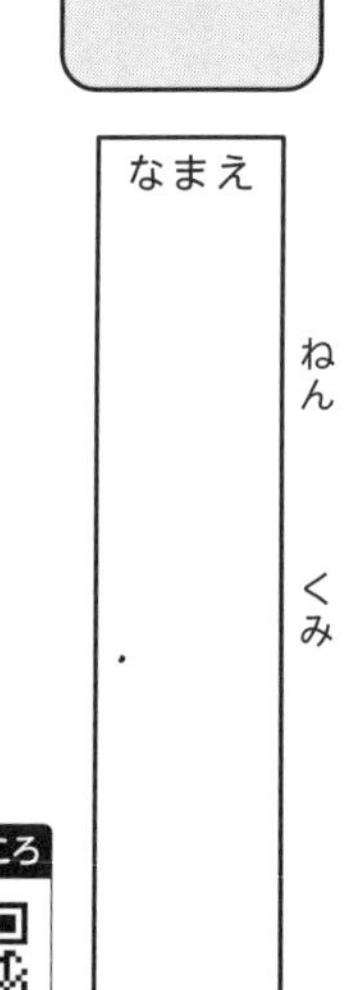

⚀	⚁	⚂	⚃	⚄	⚅
ぼく	わたし	いぬ	だるまさん	おばけ	あかちゃん

⚀⚁⚂ は　⚃⚄⚅ が

⚀	⚁	⚂	⚃	⚄	⚅
おかねを	おかしを	げえむを	ほんを	てれびを	ぱそこんを

⚀	⚁	⚂	⚃	⚄	⚅
もらう。	みる。	たのしむ。	かくす。	なめる。	すてる。

わたしはいぬをみつける。

なまえ
ねん　くみ

さいころを4回ふって文をつくりましょう。
□にあたったらことばをかんがえましょう。

ウェブさいころ

⚀	⚁	⚂	⚃	⚄	⚅
わたし	ぼく	せんせい	いぬ	おじさん	□

⚀ ⚁ ⚂	⚃ ⚄ ⚅
は	が

⚀	⚁	⚂	⚃	⚄	⚅
いぬを	やきそばを	けえきを	くつを	けしごむを	□を

⚀	⚁	⚂	⚃	⚄	⚅
みつける。	もらう。	なげる。	かくす。	ひろう。	□。

ぼくはいえへいく。

さいころを4回ふって文をつくりましょう。

なまえ

ねん　くみ

⚀	⚁	⚂	⚃	⚄	⚅
ぼく	わたし	ねこ	わに	ともだち	とり

⚀ ⚁ ⚂	⚃ ⚄ ⚅
は	が

⚀	⚁	⚂	⚃	⚄	⚅
いえへ	といれへ	うちゅうへ	うみへ	やまへ	あめりかへ

⚀	⚁	⚂	⚃	⚄	⚅
いく。	かえる。	むかう。	でかける。	もどる。	いかない。

ウェブさいころ

わたしはひろばへいった。

さいころを4回ふって文をつくりましょう。
□にあたったらことばをかんがえましょう。

なまえ　ねん　くみ

ウェブさいころ

⚀	⚁	⚂	⚃	⚄	⚅
わたし	ぼく	せんせい	おかあさん	おとうさん	□

⚀ ⚁ ⚂	⚃ ⚄ ⚅
は	が

⚀	⚁	⚂	⚃	⚄	⚅
ひろばへ	がっこうへ	かわへ	おみせへ	ゆうえんちへ	□へ

⚀	⚁	⚂	⚃	⚄	⚅
いった。	かえった。	むかった。	でかけた。	もどった。	□。

わたしはへやをみたい。

なまえ

ねん　くみ

さいころを4回ふって文をつくりましょう。

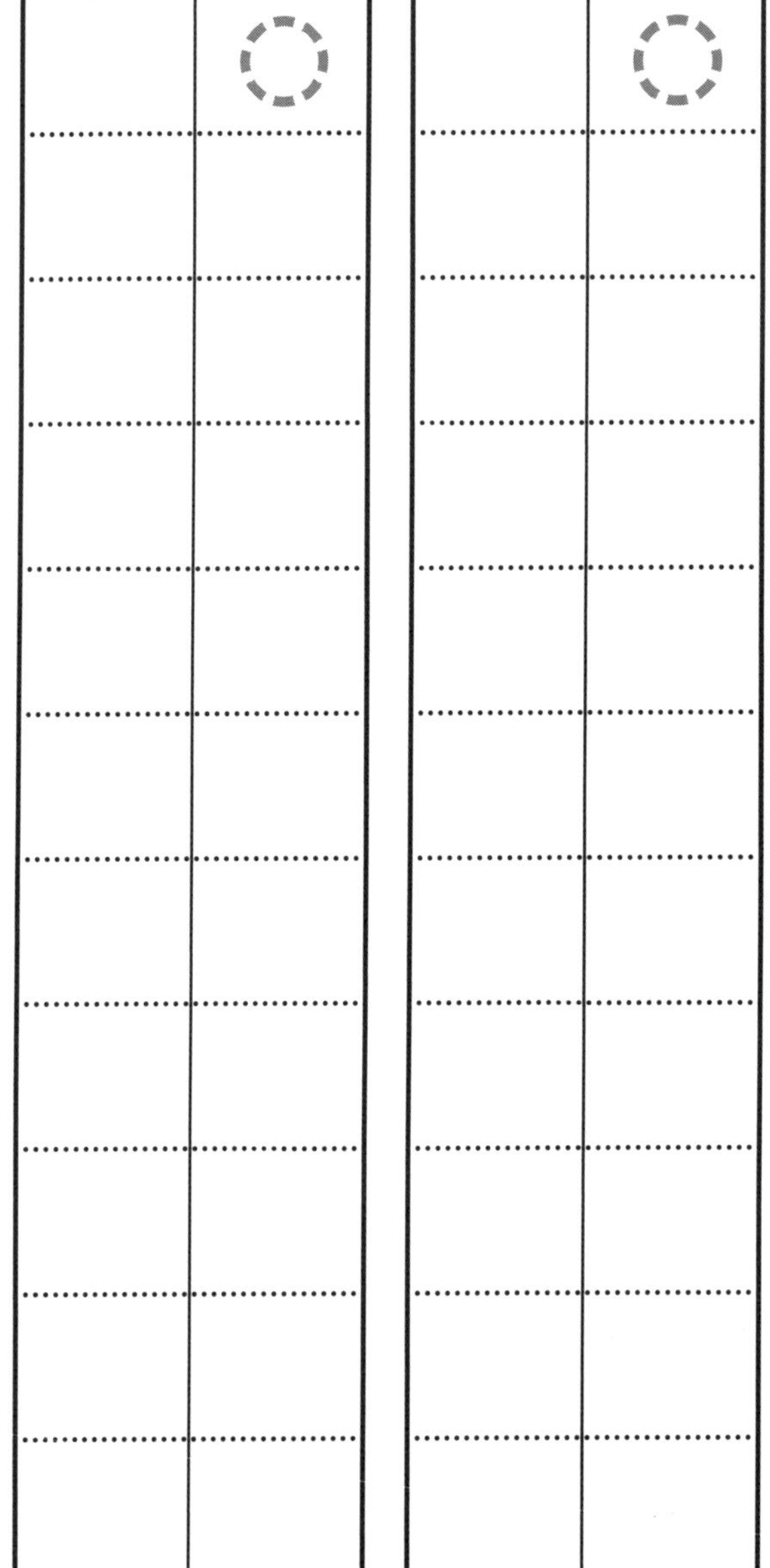

⚀⚁⚂	⚃⚄⚅	⚅⚄⚃
わたしは	ぼくは	いぬは

⚀	⚁	⚂	⚃	⚄	⚅
へや	うみ	といれ	がっこう	こうえん	こんびに

⚃⚄⚅	⚀⚁⚂
へ	を

を

⚀	⚁	⚂	⚃	⚄	⚅
みたい。	あるく。	よごす。	さまよう。	まもる。	のぞく。

へ

⚀	⚁	⚂	⚃	⚄	⚅
いきたい。	いく。	はしる。	むかう。	かえる。	いそいだ。

ぼくはいえをあるく。

さいころを4回ふって文をつくりましょう。
□にあたったらことばをかんがえましょう。

なまえ

ねん　くみ

さいころ	ことば
⚀⚁	ぼくは
⚂⚃	わたしは
⚄	いぬは
⚅	□は

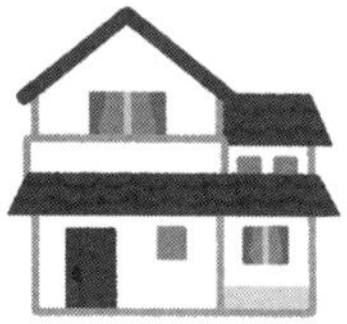

さいころ	ことば
⚀	いえ
⚁	はやし
⚂	おふろ
⚃	かいしゃ
⚄	こや
⚅	□

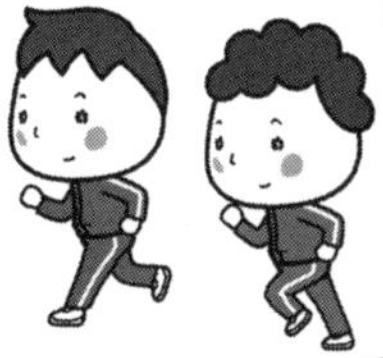

さいころ	ことば
⚀⚁⚂	を
⚃⚄⚅	へ

を

さいころ	ことば
⚀	あるく。
⚁	みたい。
⚂	よごす。
⚃	でる。
⚄	まもる。
⚅	のぞく。

へ

さいころ	ことば
⚀	いきたい。
⚁	いく。
⚂	はしる。
⚃	むかう。
⚄	はいる。
⚅	いそいだ。

ゆうまは「やだ。」といいました。

さいころを3回ふって文をつくりましょう。
「　」はかいぎょうします。
「　」のあともかいぎょうします。
三ぎょうつかいます。

なまえ　　ねん　　くみ

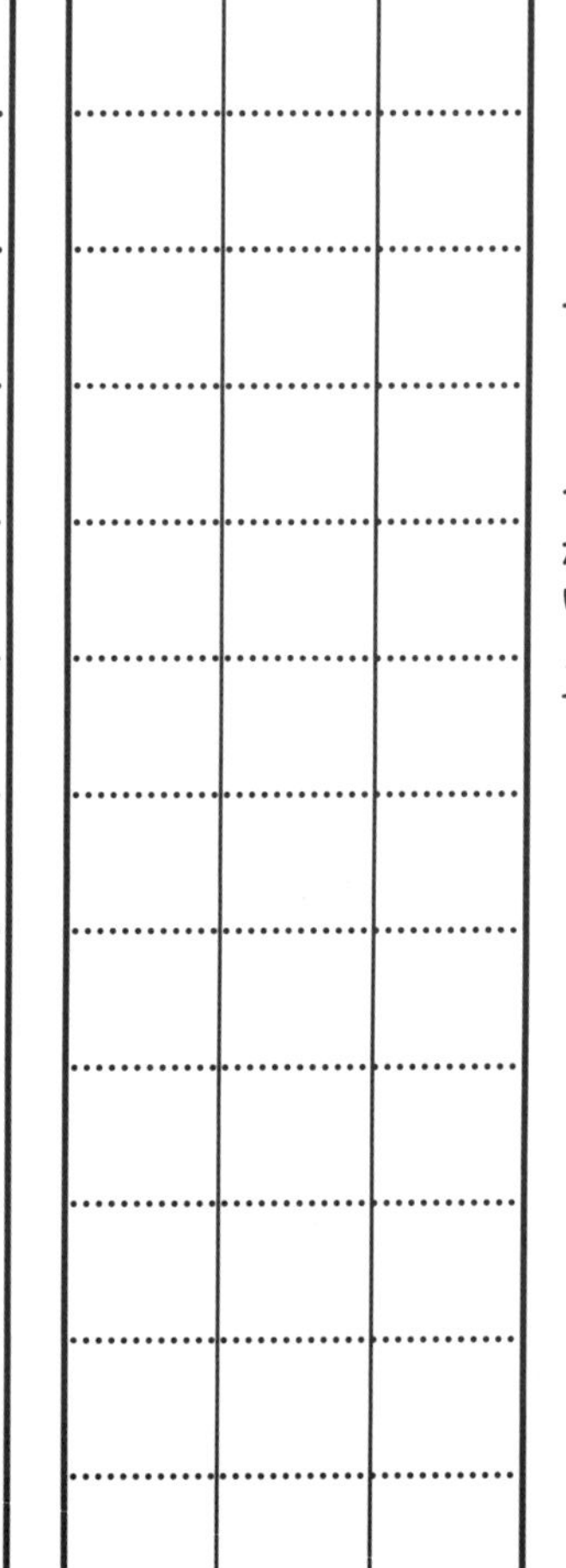

⚀⚁ ゆうまは
⚂⚃ せんせいは
⚄⚅ おじいちゃんは

⚀「やだ。」
⚁「ありがとう。」
⚂「こんにちは。」
⚃「ごめん。」
⚄「こまった。」
⚅「らあめん。」

⚀⚁ といいました。
⚂⚃ とつぶやきました。
⚄⚅ とさわぎました。

すみれは「よいしょ。」といいました。

なまえ
ねん　くみ

さいころを3回ふって文をつくりましょう。
□にあたったらことばをかんがえましょう。
「　」はかいぎょうします。「　」のあとも
かいぎょうします。三ぎょうつかいます。

ウェブさいころ

⚅ ⚄ かまきりは
⚃ ⚂ ともだちは
⚁ ⚀ すみれは

⚅ 「　　。」
⚄ 「おいしいな。」
⚃ 「できました。」
⚂ 「おめでとう。」
⚁ 「がんばれ。」
⚀ 「よいしょ。」

⚅ ⚄ とささやきました。
⚃ ⚂ とさけびました。
⚁ ⚀ といいました。

オノマトペ①

あめがぽつぽつとふってきました。

なまえ

ねん　くみ

さいころを3回ふって文をつくりましょう。

あめが（⚀⚁⚂）／むしが（⚃⚄⚅）

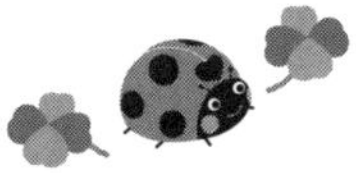

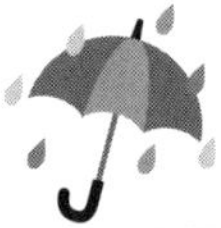

ぽつぽつと（⚀⚁）／ざあざあと（⚂⚃）／ぱらぱらと（⚄⚅）

ふってきました。（⚀⚁⚂）／おちてきました。（⚃⚄⚅）

どろぼうがばたばたとにげます。

なまえ

ねん　くみ

さいころを3回ふって文をつくりましょう。

□にあたったらことばをかんがえましょう。

さいころ	1回目
⚀	どろぼうが
⚁	かいじゅうが
⚂	おひめさまが
⚃	おすもうさんが
⚄	おばさんが
⚅	□が

さいころ	2回目
⚀⚁	ばたばたと
⚂⚃	どしんどしんと
⚄⚅	□と

さいころ	3回目
⚀	にげます。
⚁	でかけます。
⚂	あるきます。
⚃	はしります。
⚄	あばれます。
⚅	かえります。

カタカナ①

インドネシアのオオトカゲを見にいきます。

さいころを3回ふって文をつくりましょう。

なまえ

ねん　くみ

ウェブさいころ

さいころ	1回目	2回目	3回目
⚀	インドネシアの	オオトカゲを	見にいきます。
⚁	ブラジルの	ピラニアを	さわります。
⚂	プリンセスが	シュークリームを	かじります。
⚃	チンパンジーが	ヘリコプターを	なげます。
⚄	コックさんが	フルーツを	じまんします。
⚅	アンパンマンが	バイキンマンを	さがします。

ママはテーマパークでダンスをします。

さいころを3回ふって文をつくりましょう。
□にあたったらことばをかんがえましょう。

なまえ　ねん　くみ

ウェブさいころ

さいころ	
⚀	ママは
⚁	パパは
⚂	ゴリラは
⚃	ドラキュラは
⚄	ボスは
⚅	□は

さいころ	
⚀	テーマパークで
⚁	レッスンしつで
⚂	プールで
⚃	ゴルフじょうで
⚄	トイレで
⚅	□で

さいころ	
⚀	ダンスをします。
⚁	あくびをします。
⚂	デートをします。
⚃	わらいます。
⚄	あそびます。
⚅	□。

比ゆ（明ゆ）①

たいようのようなえがおでわらう。

なまえ

ねん　くみ

さいころを３回ふって文をつくりましょう。

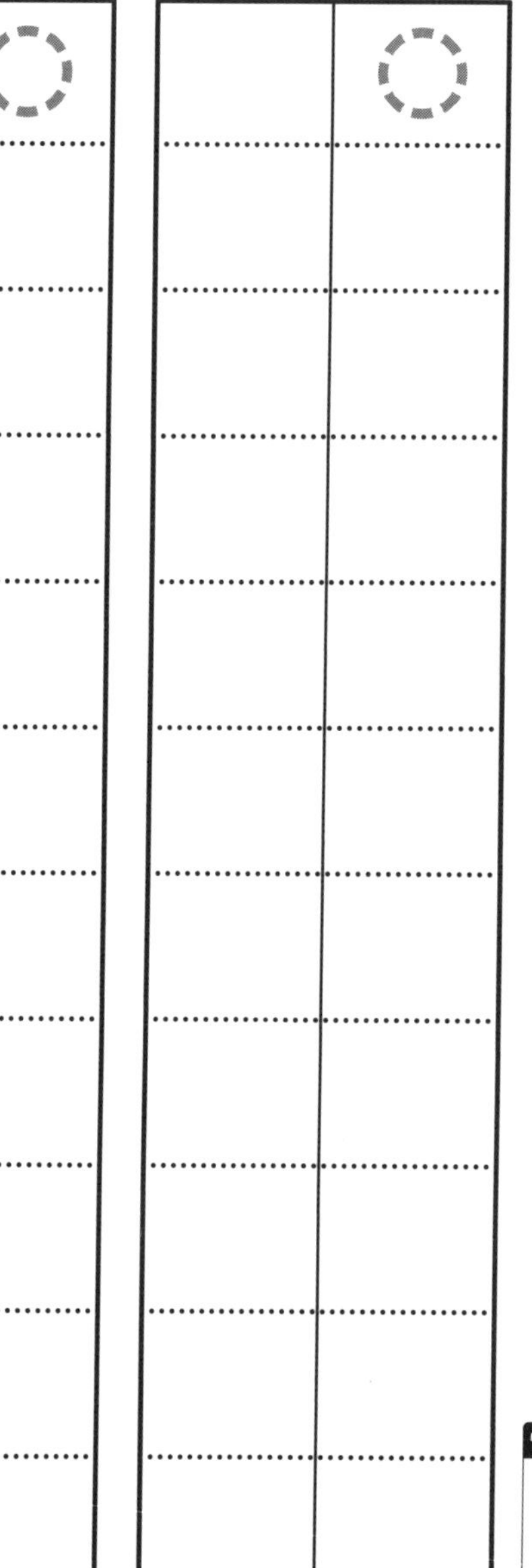

⚀	⚁	⚂	⚃	⚄	⚅
たいよう	うめぼし	てんし	ひまわり	おばけ	パンダ

⬇

⚀ ⚁ ⚂	⚃ ⚄ ⚅
のような	みたいな

⬇

⚀	⚁	⚂	⚃	⚄	⚅
えがおでわらう。	花がさいている。	子どもたちがはしる。	お母さんがすきだ。	おまわりさんがきた。	人ぎょうをもらった。

比ゆ（明ゆ）②

カマキリのようなひとみだ。

なまえ　　ねん　くみ

さいころを３回ふって文をつくりましょう。
□にあたったらことばをかんがえましょう。

ウェブさいころ

⚀ カマキリ
⚁ ぞう
⚂ ねずみ
⚃ ねこ
⚄ おばけ
⚅ □

⚀⚁⚂ のような
⚃⚄⚅ みたいな

⚀ ひとみだ。
⚁ 口だ。
⚂ からだだ。
⚃ 足だ。
⚄ うでだ。
⚅ □。

ぼくの名まえはなんでしょうか。ぼくの名まえはさとしです。

さいころを2回ふって文しょうをつくりましょう。

なまえ

ねん　くみ

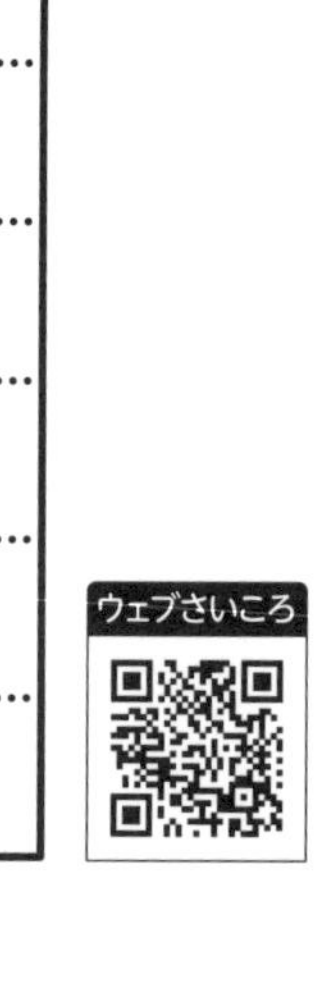

さいころ	文
⚀	ぼくの名まえはなんでしょうか。ぼくの名まえは
⚁	先生の名まえはなんでしょうか。先生の名まえは
⚂	あの子の名まえはなんでしょうか。あの子の名まえは
⚃	犬の名まえはなんでしょうか。犬の名まえは
⚄	おとうとの名まえはなんでしょうか。おとうとの名まえは
⚅	バッタの名まえはなんでしょうか。バッタの名まえは

さいころ	文
⚀	さとしです。
⚁	りくです。
⚂	みおです。
⚃	ごんたです。
⚄	ぴょんきちです。
⚅	はるきです。

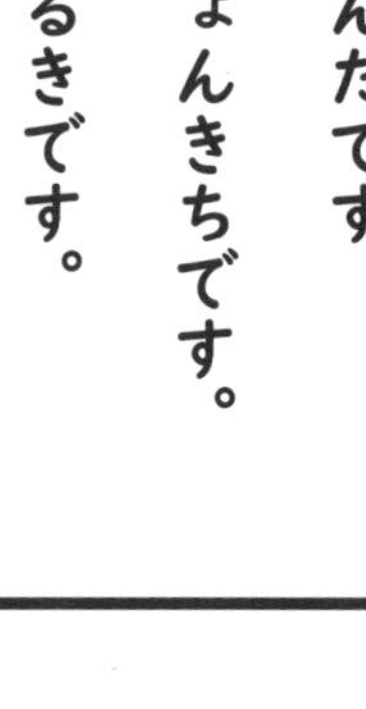

ぬいぐるみの名まえはなんでしょうか。ぬいぐるみの名まえはあんパンです。

なまえ　　ねん　　くみ

さいころを2回ふって文しょうをつくりましょう。
□にあたったらことばをかんがえましょう。

ウェブさいころ

⚀ ぬいぐるみの名まえはなんでしょうか。ぬいぐるみの名まえは

⚁ 車の名まえはなんでしょうか。車の名まえは

⚂ あの虫の名まえはなんでしょうか。あの虫の名まえは

⚃ その本の名まえはなんでしょうか。この本の名まえは

⚄ あのパンの名まえはなんでしょうか。あのパンの名まえは

⚅ □の名まえはなんでしょうか。□の名まえは

⚀ あんパンです。

⚁ パトカーです。

⚂ くわがたです。

⚃ ももたろうです。

⚄ モコです。

⚅ □。

ゲームをしました。それから、はみがきをしました。

なまえ　ねん　くみ

さいころを2回ふって文しょうをつくりましょう。

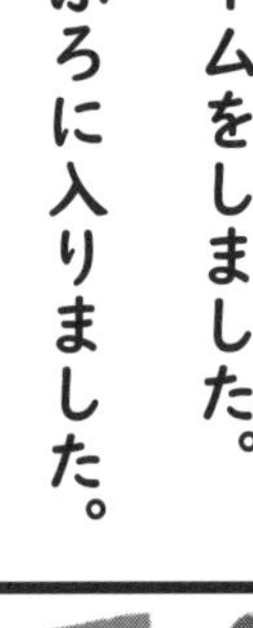

さいころ	1回目
⚀	ゲームをしました。
⚁	おふろに入りました。
⚂	トイレにいきました。
⚃	ごはんをたべました。
⚄	テレビを見ました。
⚅	かおをあらいました。

さいころ	2回目
⚀	それから、はみがきをしました。
⚁	それから、ぐっすりねました。
⚂	それから、出かけました。
⚃	それから、うんどうをしました。
⚄	それから、ものまねをしました。
⚅	それから、おならをしました。

マスクをしました。それから、手をあらいました。

なまえ　　ねん　　くみ

さいころを2回ふって文しょうをつくりましょう。

□にあたったらことばをかんがえましょう。

ウェブさいころ

さいころ	
⚀	マスクをしました。
⚁	しゅくだいをしました。
⚂	さか立ちをしました。
⚃	おやつをたべました。
⚄	ひるねをしました。
⚅	□。

↓

さいころ	
⚀	それから、手をあらいました。
⚁	それから、のんびりしました。
⚂	それから、おどりました。
⚃	それから、はしり出しました。
⚄	それから、ふくをぬぎました。
⚅	それから、□。

時間的順序（やがて）①

くもが出てきました。やがて、大雨になりました。

さいころを2回ふって文しょうをつくりましょう。

なまえ　　ねん　　くみ

ウェブさいころ

1. くもが出てきました。
2. くらくなりました。
3. よるになりました。
4. 雨がふりはじめました。
5. 夕がたになりました。
6. かぜがふきました。

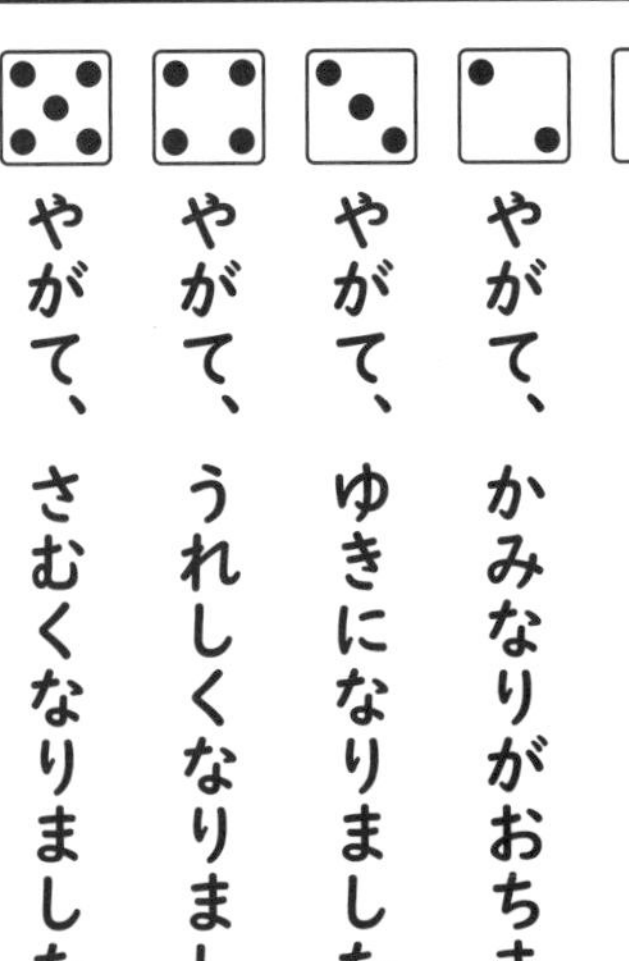

1. やがて、大雨になりました。
2. やがて、かみなりがおちました。
3. やがて、ゆきになりました。
4. やがて、うれしくなりました。
5. やがて、さむくなりました。
6. やがて、さみしくなりました。

おばけが出ました。やがて、きえてしまいました。

なまえ

ねん　くみ

さいころを２回ふって文しょうをつくりましょう。
□にあたったらことばをかんがえましょう。

ウェブさいころ

⚀ おばけが出ました。
⚁ うちゅう人がきました。
⚂ くまがあらわれました。
⚃ えんばんが見えました。
⚄ 先生がとうじょうしました。
⚅ おじさんがやってきました。

⚀ やがて、きえてしまいました。
⚁ やがて、とんでいきました。
⚂ やがて、とけてしまいました。
⚃ やがて、見えなくなりました。
⚄ やがて、かえっていきました。
⚅ やがて、□。

はじめに、そうじをしました。つぎに、ゲームをしました。

なまえ　ねん　くみ

さいころを2回ふって文しょうをつくりましょう。

- ⚀ はじめに、そうじをしました。
- ⚁ はじめに、あそびました。
- ⚂ はじめに、かえりました。
- ⚃ はじめに、きがえました。
- ⚄ はじめに、おどりました。
- ⚅ はじめに、ちこくしました。

↓

- ⚀ つぎに、ゲームをしました。
- ⚁ つぎに、ひるねをしました。
- ⚂ つぎに、おふろに入りました。
- ⚃ つぎに、でんわをしました。
- ⚄ つぎに、お出かけしました。
- ⚅ つぎに、べんきょうしました。

はじめに、けんかをしました。つぎに、あやまりました。

なまえ

ねん　くみ

さいころを2回ふって文しょうをつくりましょう。
［　］にあたったらことばをかんがえましょう。

ウェブさいころ

⚀ はじめに、けんかをしました。
⚁ はじめに、よごしました。
⚂ はじめに、こわしました。
⚃ はじめに、ちこくしました。
⚄ はじめに、ねぼうしました。
⚅ はじめに、［　　　　］。

⚀ つぎに、あやまりました。
⚁ つぎに、そうじをしました。
⚂ つぎに、あわてました。
⚃ つぎに、おこられました。
⚄ つぎに、おどりました。
⚅ つぎに、［　　　　］。

さいころ作文を体験・実践された先生方の声

本書が出版される前にセミナーや雑誌で「さいころ作文」を紹介した。その時、さいころ作文を体験した先生の感想や、その後教室で実践された先生の声をご紹介する。

1年生の子どもたちがみんなとめちゃくちゃ盛り上がりながら作文できて、めちゃくちゃよかった！

本日、1年生に「カタカナ」のさいころ作文をやらせた。まさに、熱中！熱狂？状態であった。静かな男の子が面白い作文を作って笑っていた！素晴らしい教材をありがとうございました。

さいころ作文は、児童が楽しみながら取り組める教材だと思いました。学級にいる書くことが苦手な児童も、楽しみながら取り組めるなと思いました。

これは革命的作文。ただ楽しいだけではない。エラーレスで正確に文型を理解できる。

さいころ作文、楽しかった。やっているうちに、自分で面白い文を作りたくなってきた。来週、すぐに追試したい。うちのやんちゃな子どもたちがどんな文を作るのか楽しみだ。

一言で言って、「楽しい！」と思えました。楽しくてエラーにならなくて、自習でも使える。このような視点で教材を作っていくということも学べて一石二鳥でした。子どもにやらせてみたいですし、アレンジして自分でも作ってみたいと思いました。

さいころ作文、とてもよい教材だと感じました。子どもが楽しく文を書く様子が目に浮かびます。

中には、教室での実践を撮影して見せてくださった先生もいた。6年生の授業であった。一人一人が楽しそうにさいころを振りながら作文にしていた。面白い文ができると笑い声が教室に響いていた。

何年生であっても、さいころ作文は子どもたちを夢中にさせるらしい。ぜひ、本書を活用して子どもたちに言葉のきまりや作文の書き方を身につけさせてほしい。

村野式熱中ゲーム

さいころ作文96

編

主語の修飾①

赤い花がさきました。

さいころを3回ふって文を作りましょう。

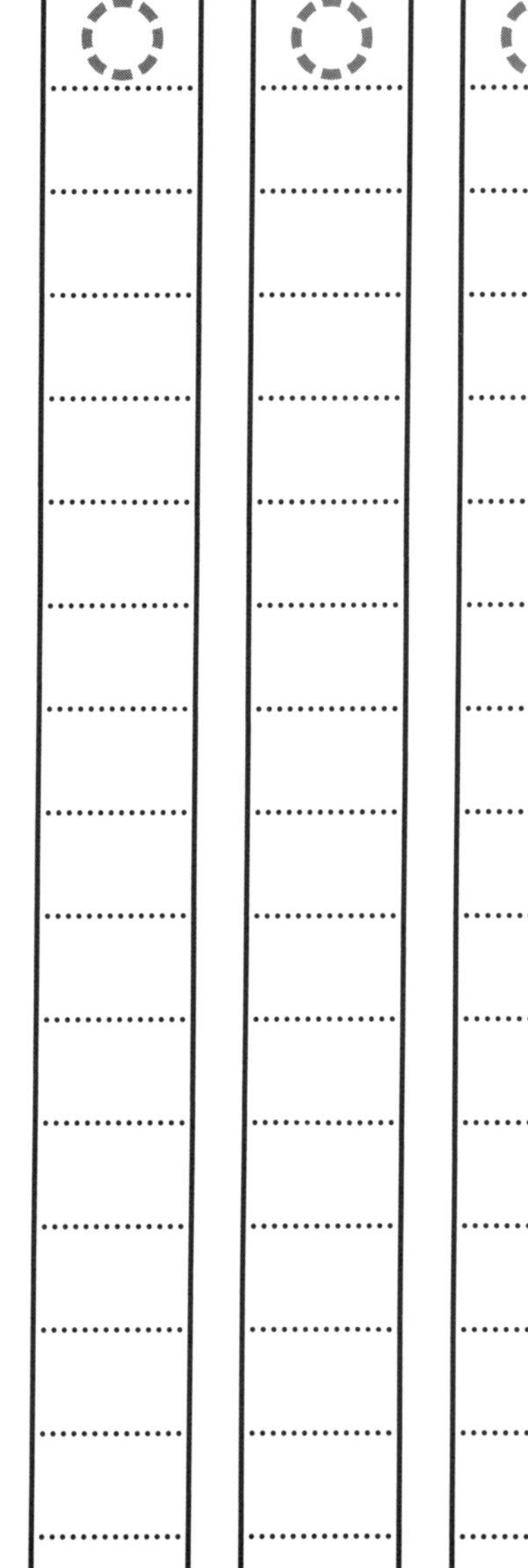

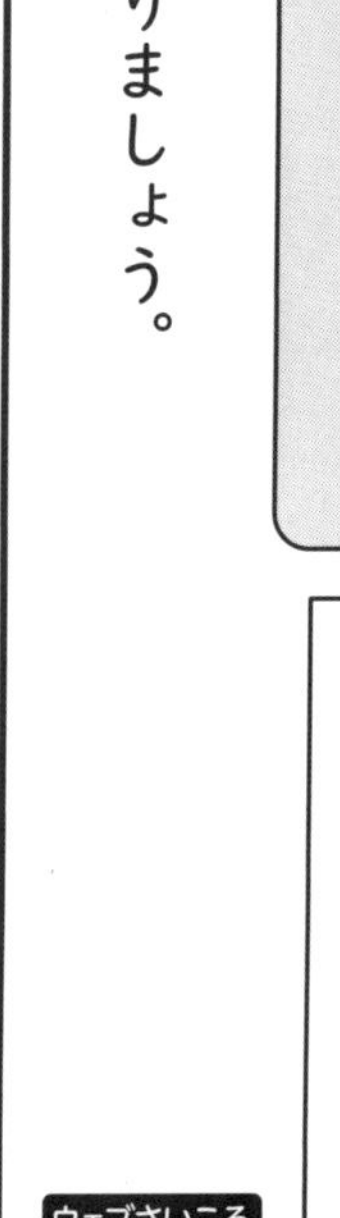

名前

年　組

⚀	⚁	⚂	⚃	⚄	⚅
赤い	きれいな	大きな	白い	小さな	丸い

↓

風船が（⚃ ⚄ ⚅）

花が（⚀ ⚁ ⚂）

↓

	⚀	⚁	⚂	⚃	⚄	⚅
風船が	とんでいる。	光っている。	われました。	おちてきました。	ゆれている。	ころがる。
花が	さきました。	ゆれました。	においます。	かれました。	よろこびます。	ちりました。

黒い虫がとんでいました。

名前　　年　　組

さいころを3回ふって文を作りましょう。
□にあたったらことばを考えましょう。

⚀ 黒い
⚁ くさい
⚂ 光る
⚃ 長い
⚄ 大きな
⚅ □

⚀⚁⚂ → 虫が
⚃⚄⚅ → ロケットが

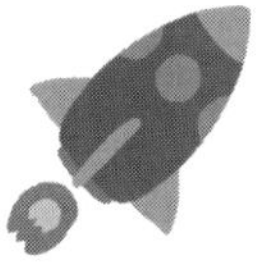

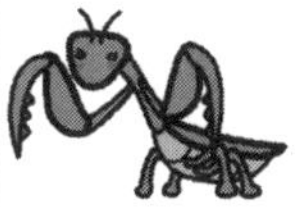

虫が
⚀ とんでいました。
⚁ 歩いていました。
⚂ 近よってきた。
⚃ しんでいます。
⚄ ひからびた。
⚅ およいでいます。

ロケットが
⚀ とんでいく。
⚁ ばくはつした。
⚂ はっ車する。
⚃ おちてきました。
⚄ たおれた。
⚅ ついらくする。

述語の修飾①

花がたくさんさきました。

さいころを3回ふって文を作りましょう。

名前

年　組

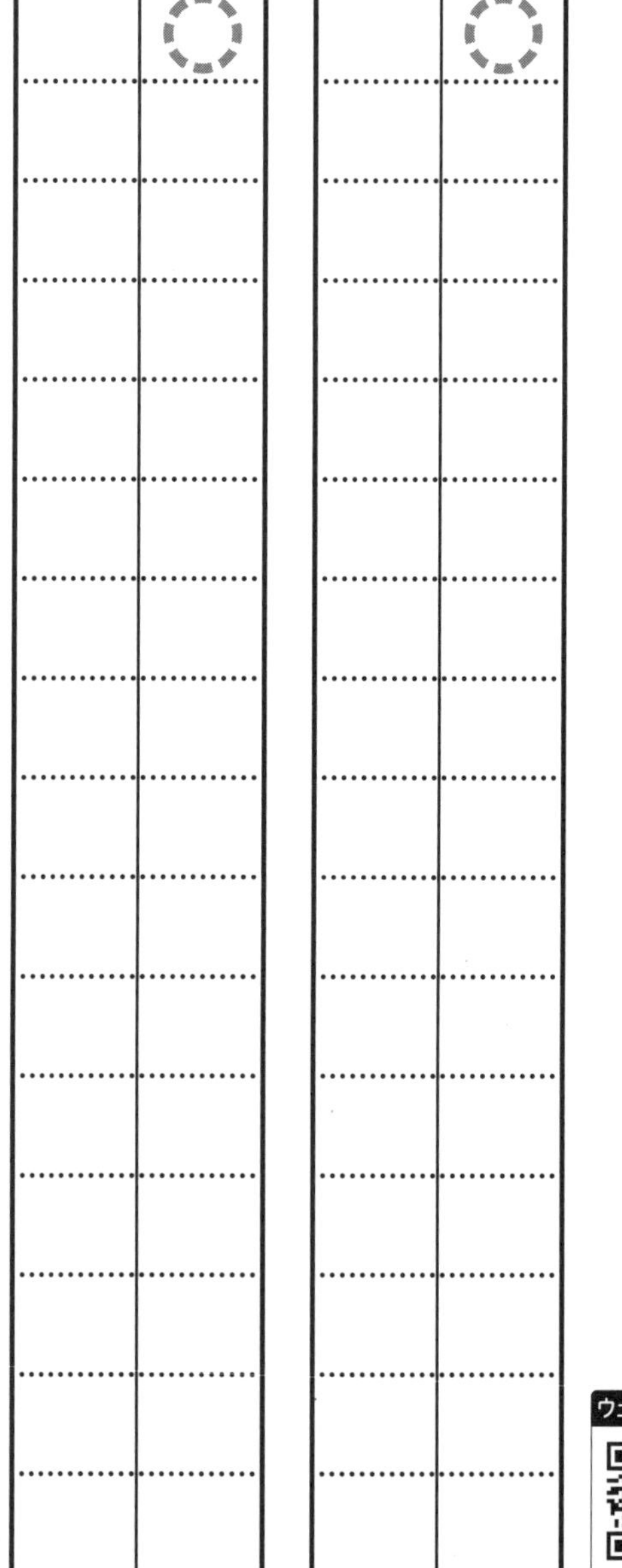

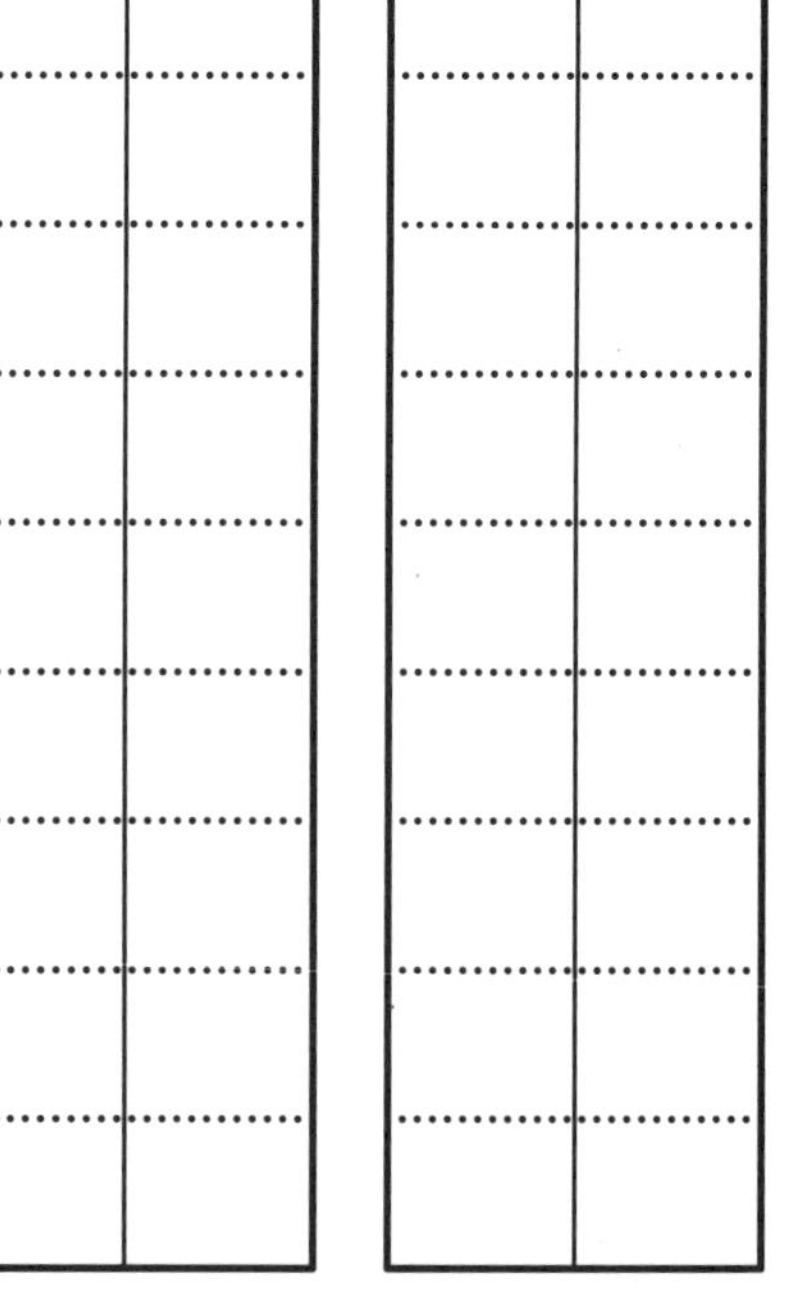

花が
犬が
友だちが

たくさん
少し
わずかに

さきました。
ゆれています。
においます。

ほえました。
うなりました。
よろこびました。

食べました。
べんきょうしました。
なきました。

ぼくはずいぶんまった。

さいころを3回ふって文を作りましょう。
□にあたったらことばを考えましょう。

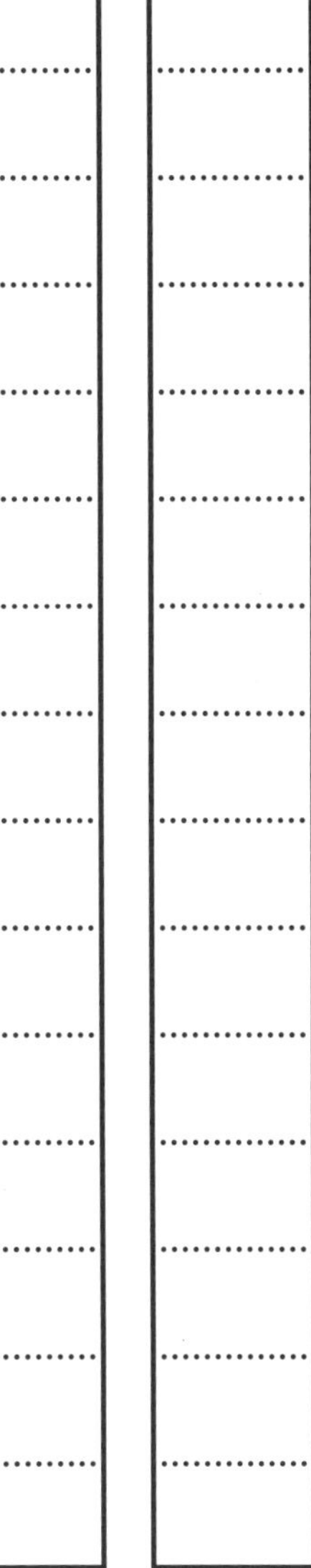

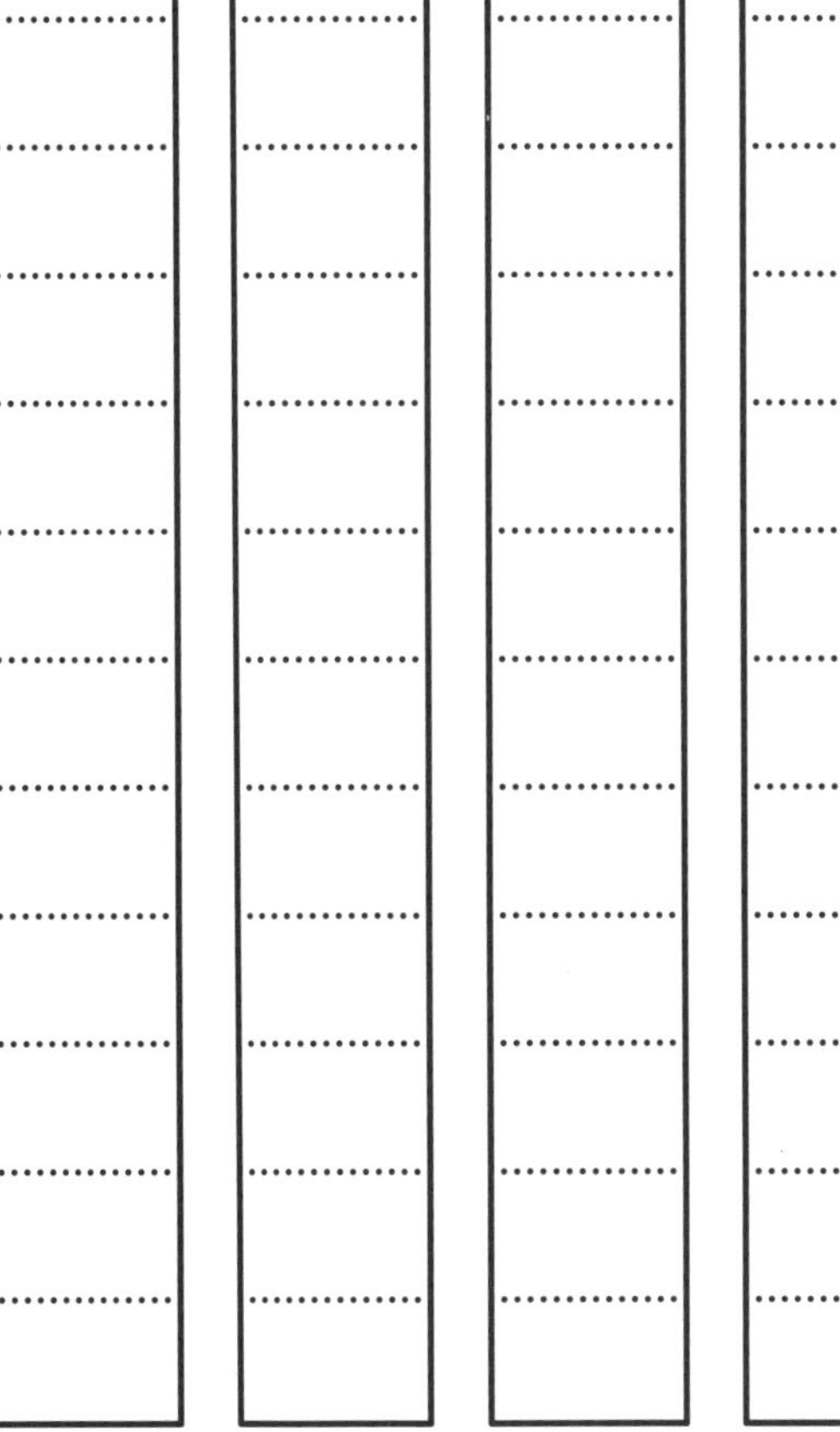

名前　　年　　組

- ⚀⚁ ぼくは
- ⚂⚃ 父は
- ⚄⚅ かえるは

- ⚀⚁ ずいぶん
- ⚂⚃ かなり
- ⚄⚅ 少し

- ⚀⚁ まった。
- ⚂⚃ なやんだ。
- ⚄⚅ においます。

- ⚀⚁ □。
- ⚂⚃ おちこんだ。
- ⚄⚅ すべった。

- ⚀⚁ とんだ。
- ⚂⚃ 太った。
- ⚄⚅ およいだ。

目的語①

わたしはほう石を売りました。

さいころを3回ふって文を作りましょう。

名前　年　組

さいころ	ことば
1〜3	わたしは
4〜6	ぼくは

さいころ	ことば
1	ほう石を
2	車を
3	おもちゃを
4	花びんを
5	ちょ金ばこを
6	ロボットを

さいころ	ことば
1	売りました。
2	こわしました。
3	ひろいました。
4	買いました。
5	作りました。
6	なげました。

ぼくは石をけりました。

さいころを3回ふって文を作りましょう。
□にあたったらことばを考えましょう。

名前　　年　組

ウェブさいころ

⚅ ⚄ ⚃ わたしは
⚂ ⚁ ⚀ ぼくは

⚀ 石を
⚁ おかしを
⚂ えんぴつを
⚃ パソコンを
⚄ ぞうきんを
⚅ □を

⚀ けりました。
⚁ かくしました。
⚂ 見つめました。
⚃ なめました。
⚄ 食べました。
⚅ □。

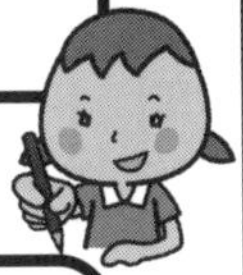

いつ・どこで・だれは・なにを・どこへ・どうした①

先日、山でぼくはおもちゃをおなべへ入れた。

名前　年　組

さいころを6回ふって文を作りましょう。

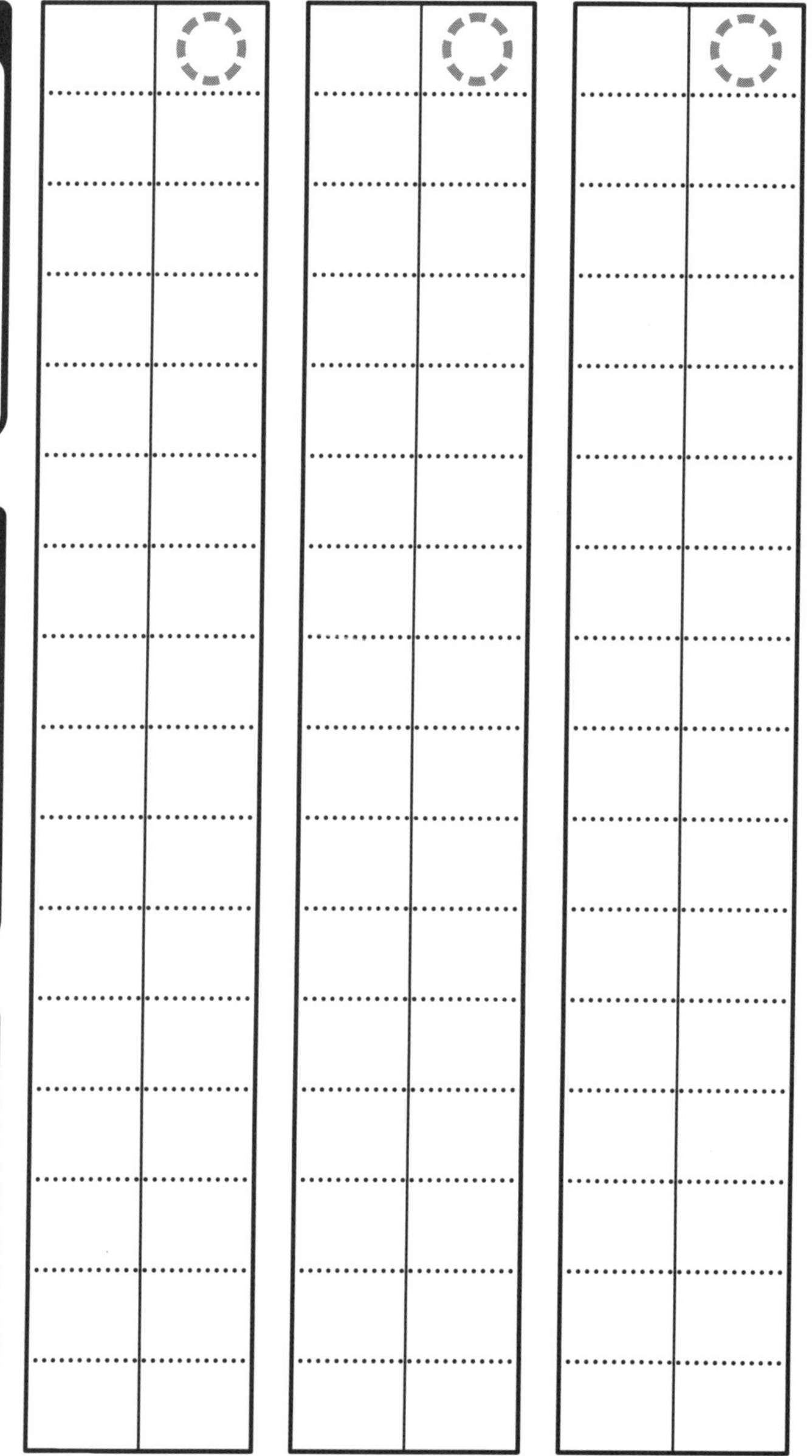

いつ

さいころ	
1	先日、
2	お正月、
3	十年前、
4	大むかし、
5	先ほど、
6	おととい、

どこで

さいころ	
1	山で
2	交ばんで
3	お店
4	おふろで
5	海で
6	火星で

だれは

さいころ	
1	ぼくは
2	わたしは
3	お父さんは
4	お母さんは
5	先生は
6	ポチは

なにを

さいころ	
1	おもちゃを
2	ゲームを
3	ま女を
4	パンを
5	金かを
6	あくまを

どこへ

さいころ	
1	おなべへ
2	あなへ
3	ちょ金ばこへ
4	ぎん行へ
5	地下室へ
6	ごみばこへ

どうした。

さいころ	
1	入れた。
2	おいた。
3	ほかんした。
4	おしこんだ。
5	つめこんだ。
6	ふういんした。

きのう、学校でぼくはゴミをトイレへはこんだ。

名前　　　　年　　組

さいころを6回ふって文を作りましょう。
□にあたったらことばを考えましょう。

ウェブさいころ

いつ

さいころ	ことば
1	きのう、
2	きょ年、
3	さくばん、
4	一年前、
5	さっき、
6	□、

どこで

さいころ	ことば
1	学校で
2	自分の家で
3	公園で
4	おふろで
5	道ばたで
6	□で

だれは

さいころ	ことば
1	ぼくは
2	わたしは
3	じろうくんは
4	少女は
5	赤ちゃんは
6	□は

なにを

さいころ	ことば
1	ゴミを
2	おすしを
3	おもちゃを
4	お金を
5	しゅくだいを
6	□を

どこへ

さいころ	ことば
1	トイレへ
2	うちゅうへ
3	ちょ金ばこへ
4	れいぞうこへ
5	引き出しへ
6	□へ

どうした。

さいころ	ことば
1	はこんだ。
2	おいた。
3	かくした。
4	ばらまいた。
5	しまった。
6	□。

ぼくは「さみしい。」と思いました。

さいころを3回ふって文を作りましょう。
心内語（しんないご）の「　」は改行（かいぎょう）しません。

名前
年　組

⚅⚄⚃ わたしは
⚂⚁⚀ ぼくは

⚀「さみしい。」
⚁「こまった。」
⚂「うれしいよ。」
⚃「かなしいな。」
⚄「はらへった。」
⚅「よっしゃ。」

⚂⚁⚀ と思いました。
⚅⚄⚃ とかんじました。

わたしは「おいしい。」と思いました。

さいころを3回ふって文を作りましょう。
□にあたったらことばを考えましょう。
心内語（しんないご）の「　」は改行（かいぎょう）しません。

名前　　年　組

ウェブさいころ

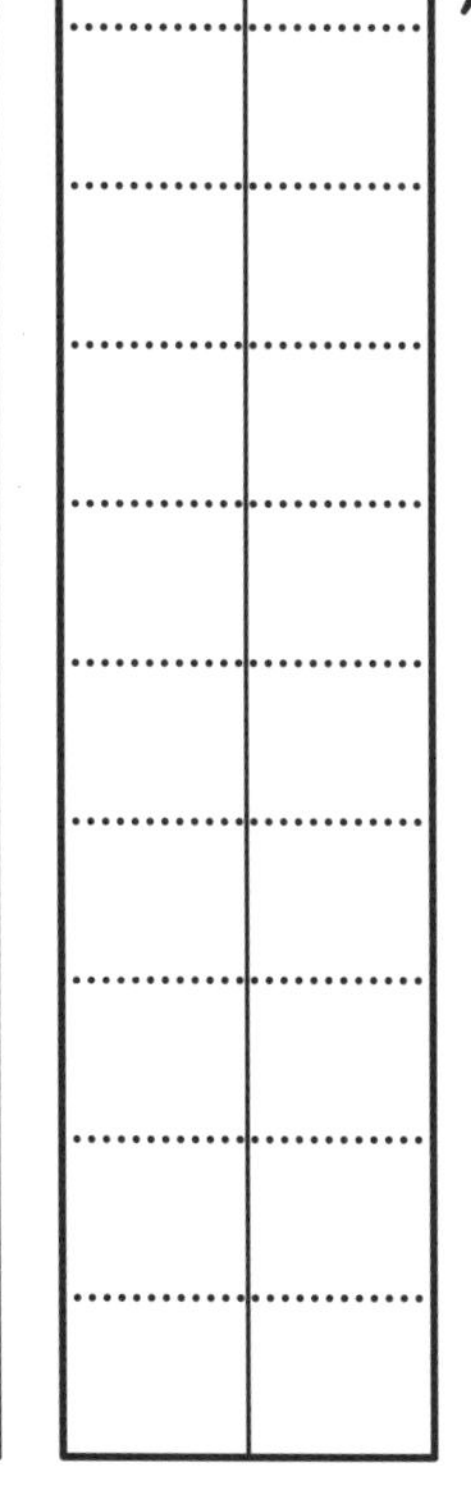

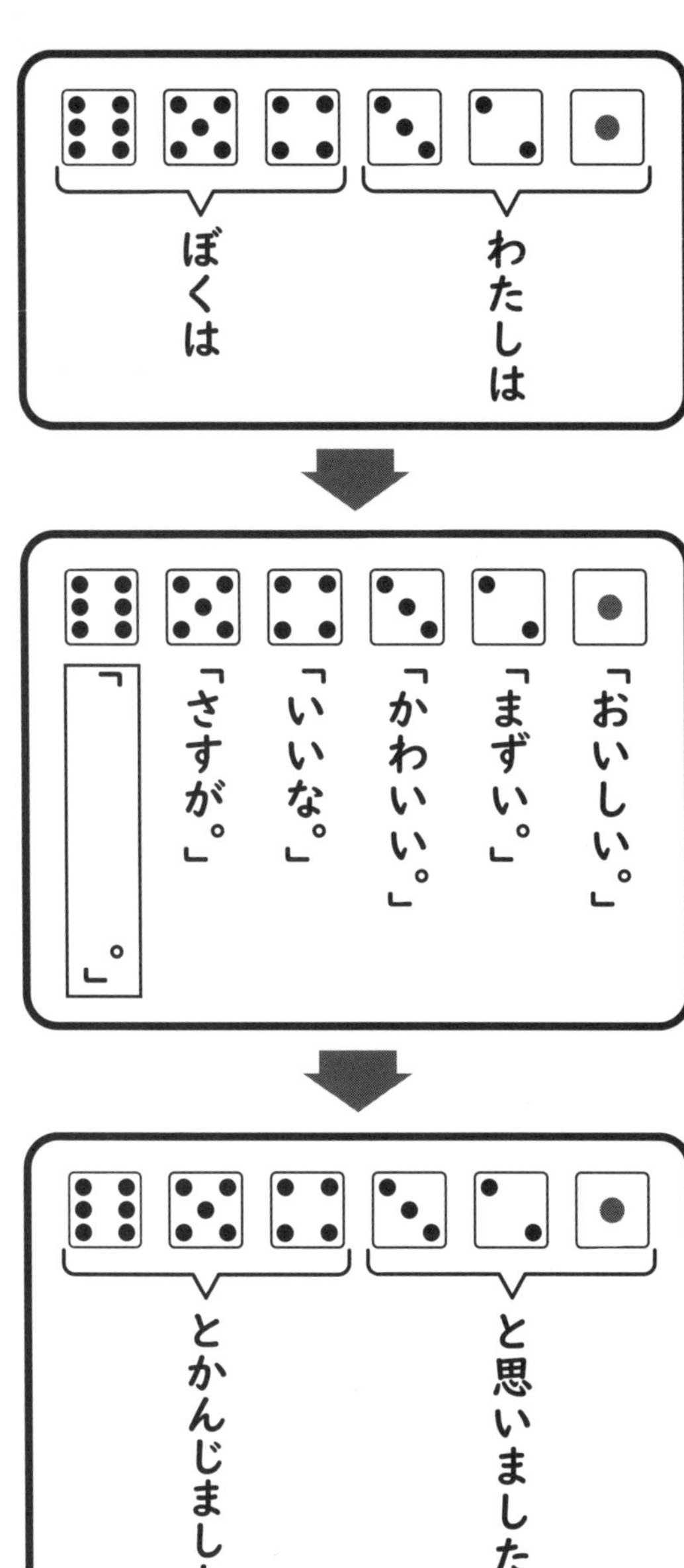

教科書には「はるまがわらいながら空を見上げた。」と書いてある。

さいころを3回ふって文を作りましょう。引用符の「　」は改行しません。

名前

年　組

ウェブさいころ

さいころ	文
1・2・3	教科書には「はるまが
4・5・6	教科書には「ねこが

さいころ	文
1	わらいながら
2	あせをかきながら
3	かなしそうな顔で
4	ねむそうな顔で
5	ジャンプをした後に
6	朝おきた後に

さいころ	文
1	空を見上げた。」と書いてある。
2	歩いた。」と書いてある。
3	走ってこけた。」と書いてある。
4	ころがった。」と書いてある。
5	外に行った。」と書いてある。
6	空をとんだ。」と書いてある。

教科書には「きつねが犬といっしょにいたずらをした。」と書いてある。

さいころを3回ふって文を作りましょう。□にあたったらことばを考えましょう。引用符の「　」は改行しません。

名前　　年　組

ウェブさいころ

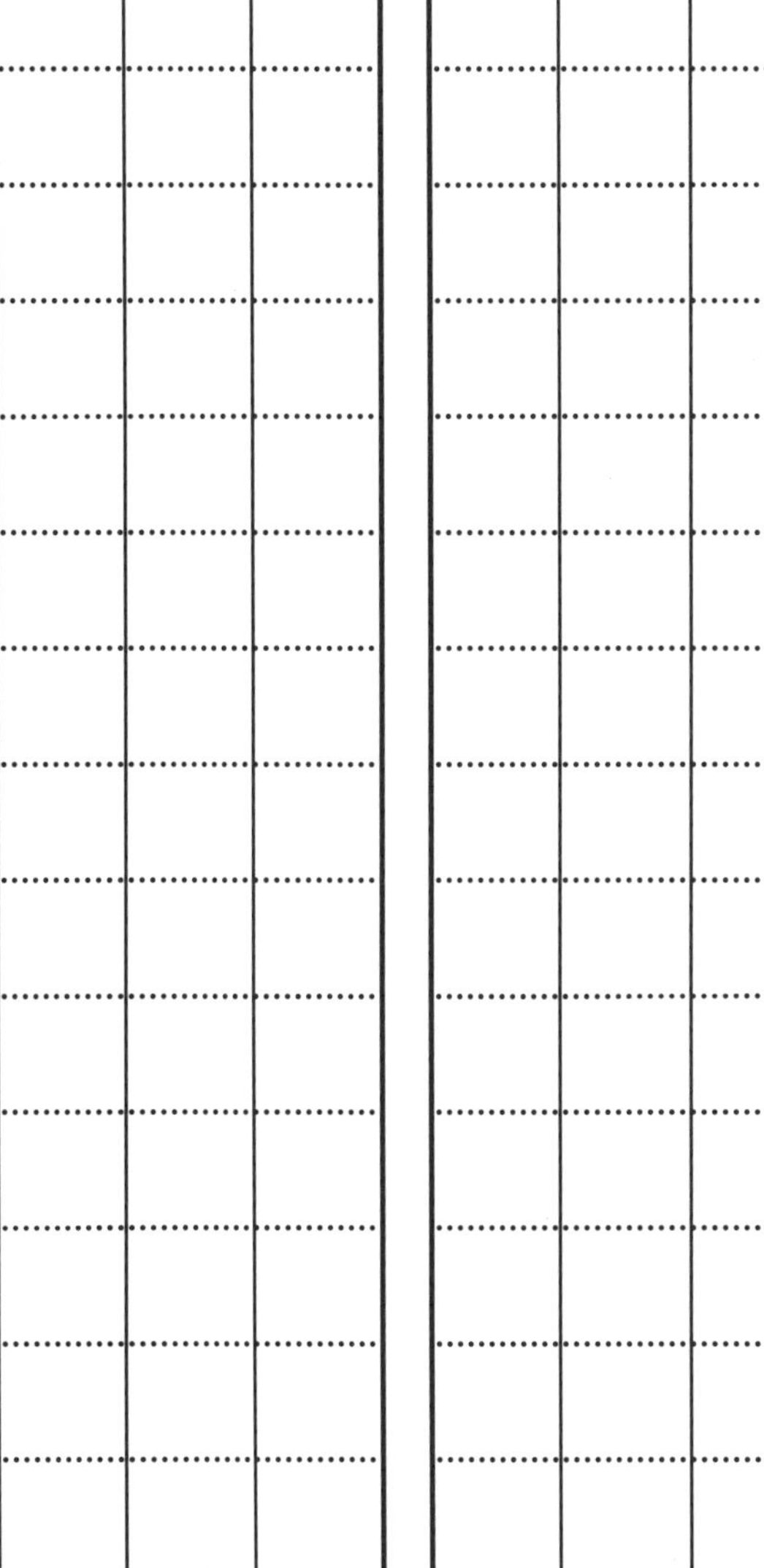

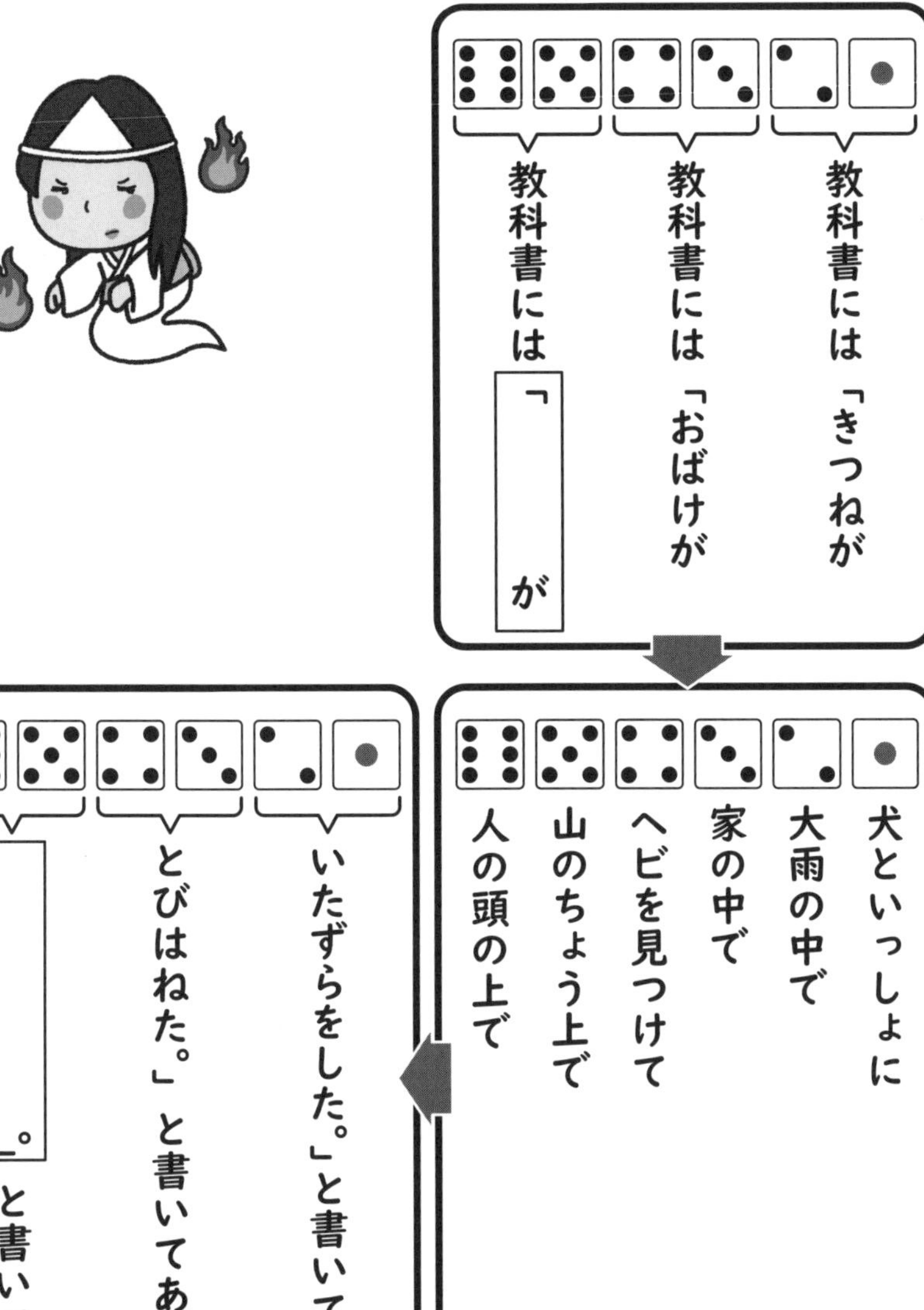

この花がさきました。

さいころを3回ふって文を作りましょう。

名前　　年　　組

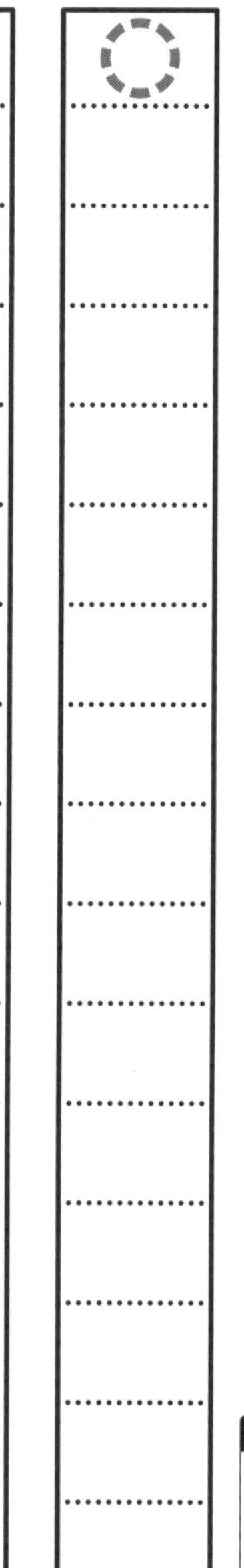

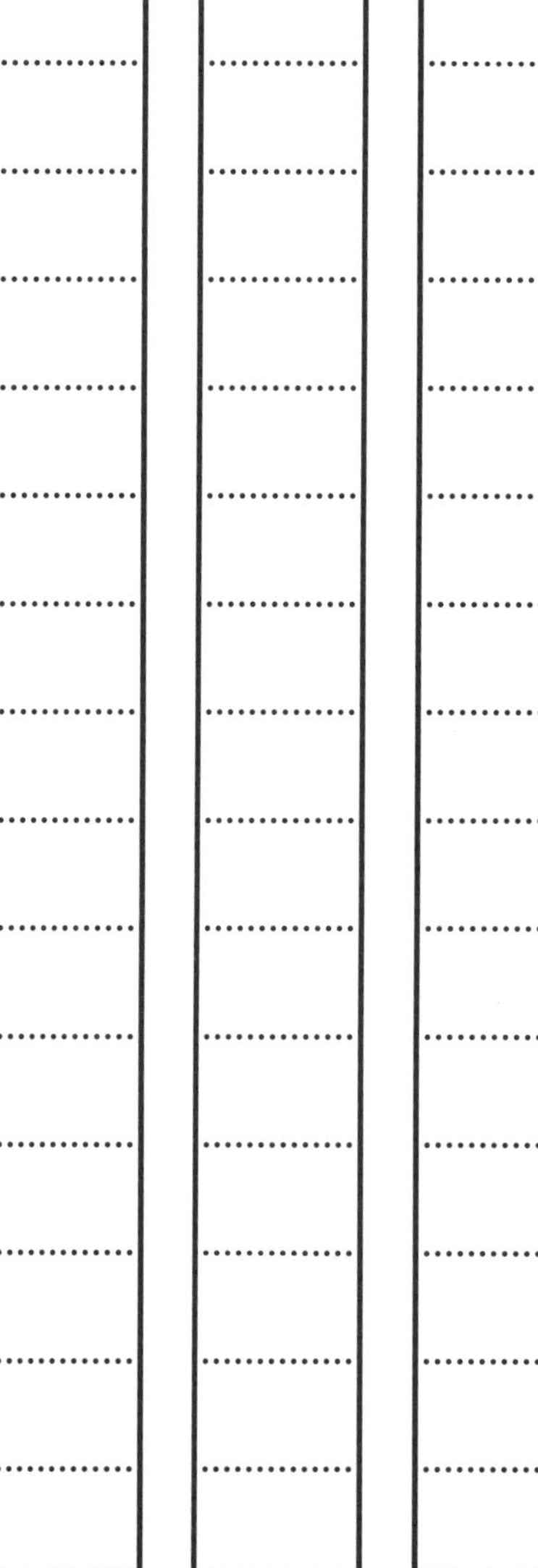

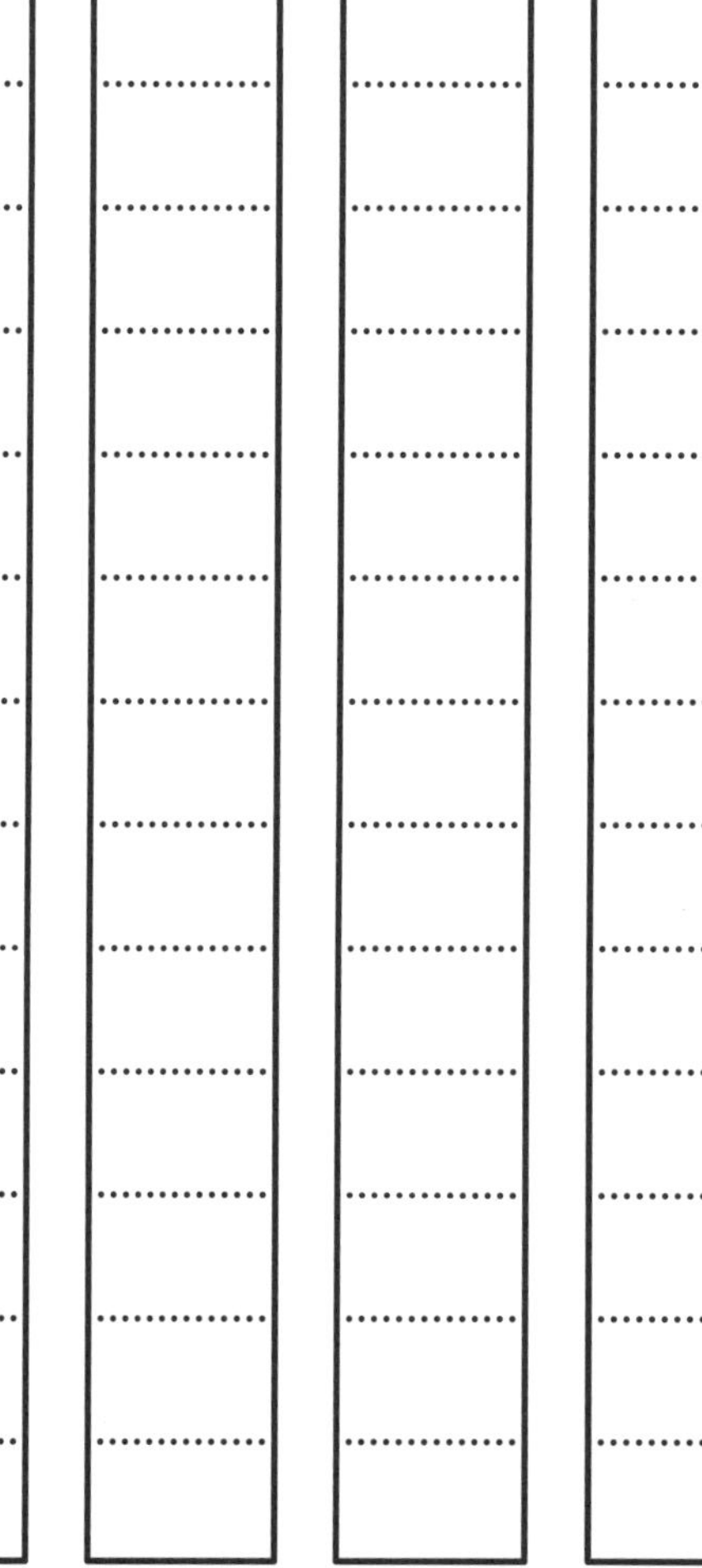

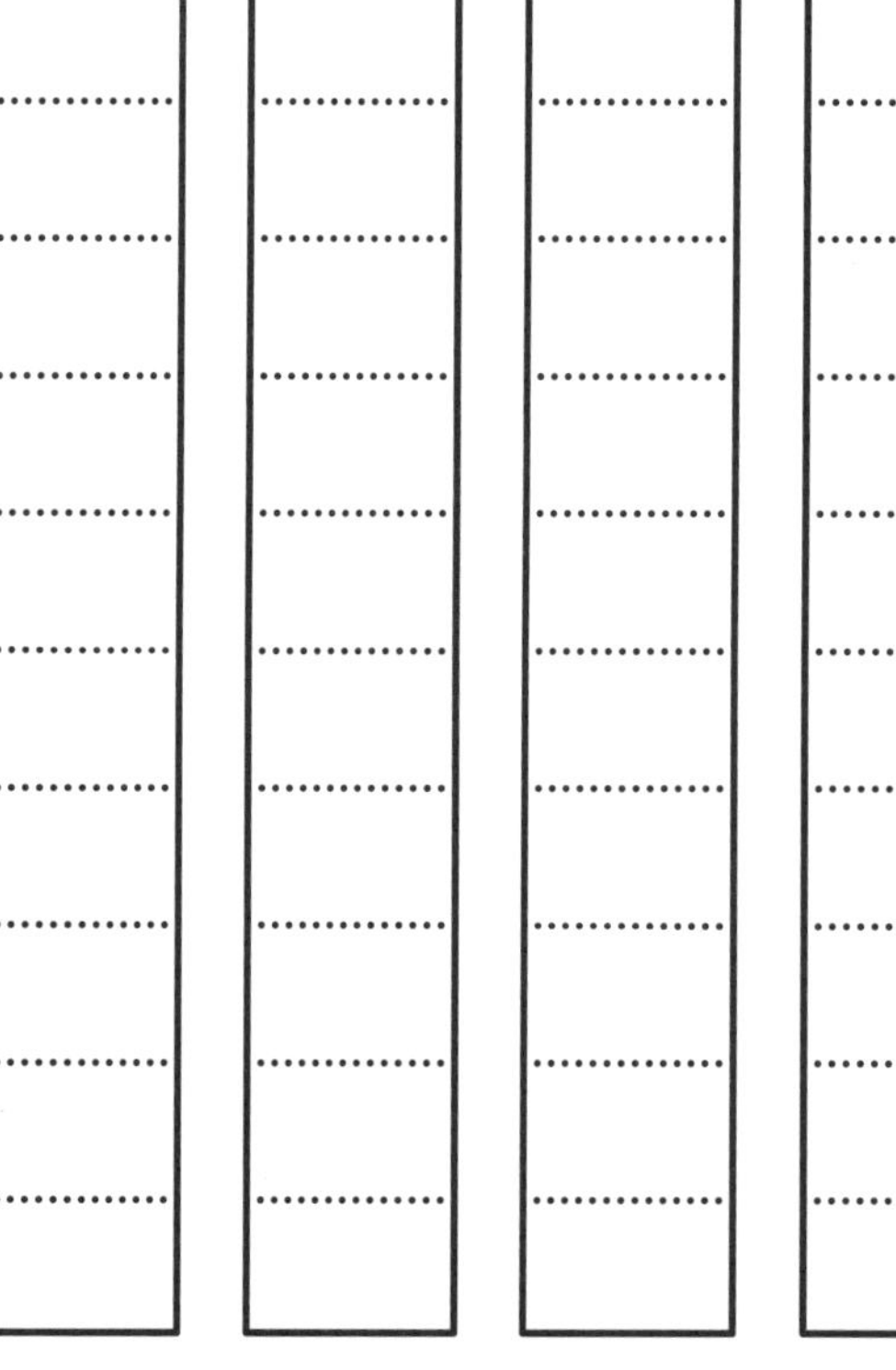

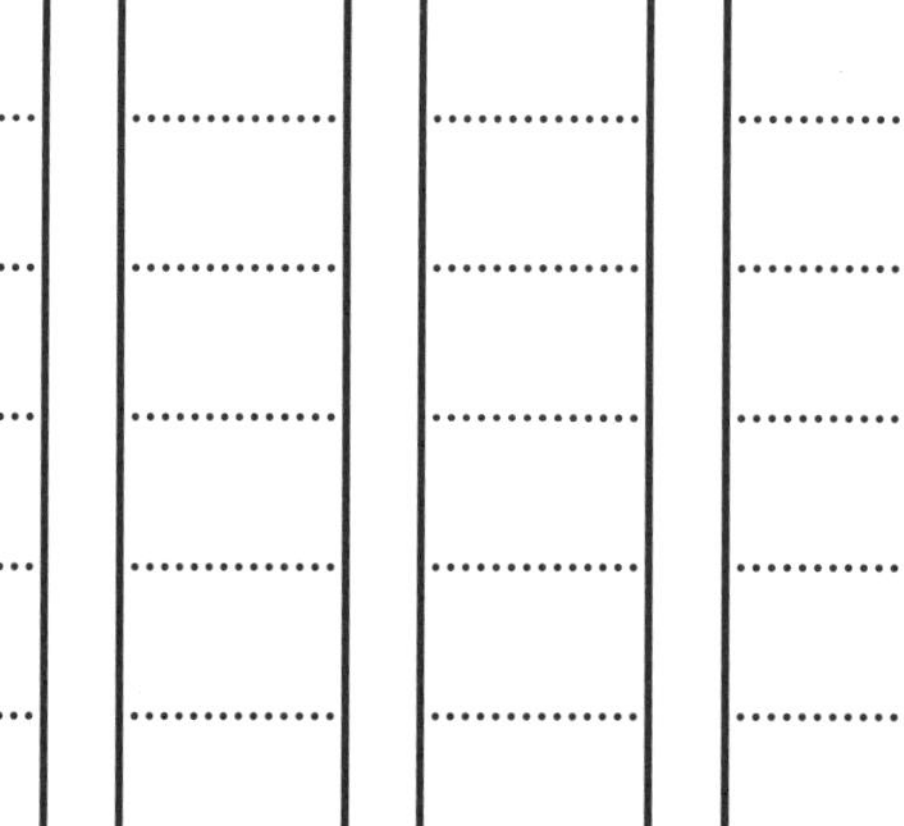

- ⚀⚁ この
- ⚂⚃ その
- ⚄ あの
- ⚅ どの

↓

- ⚀⚁⚂ 花が
- ⚃⚄⚅ さくらが
- ⚀⚁⚂ 風船が
- ⚃⚄⚅ ボールが

↓

- ⚀ さきました。
- ⚁ きれいです。
- ⚂ ちりました。
- ⚃ ゆれました。
- ⚄ においます。
- ⚅ かれました。

- ⚀ いいですか。
- ⚁ すきですか。
- ⚂ あなたのですか。
- ⚃ 大きいですか。
- ⚄ おちてきましたか。
- ⚅ われましたか。

このおかしが大すきです。

さいころを3回ふって文を作りましょう。
□にあたったらことばを考えましょう。

名前　　年　組

ウェブさいころ

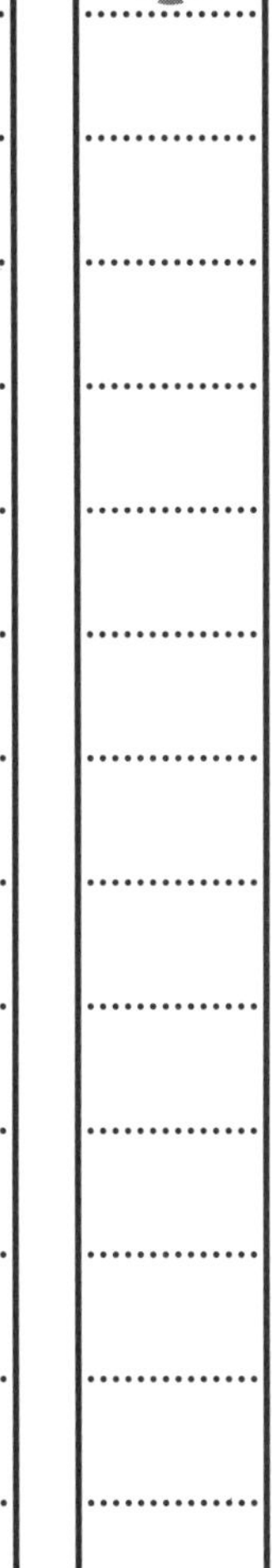

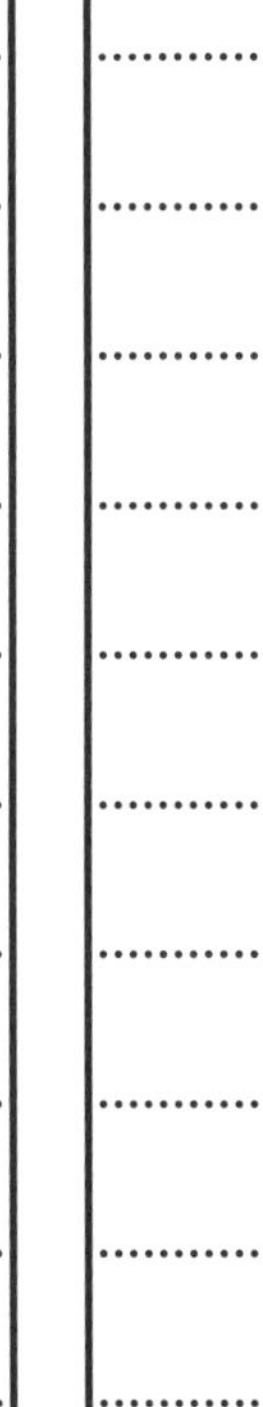
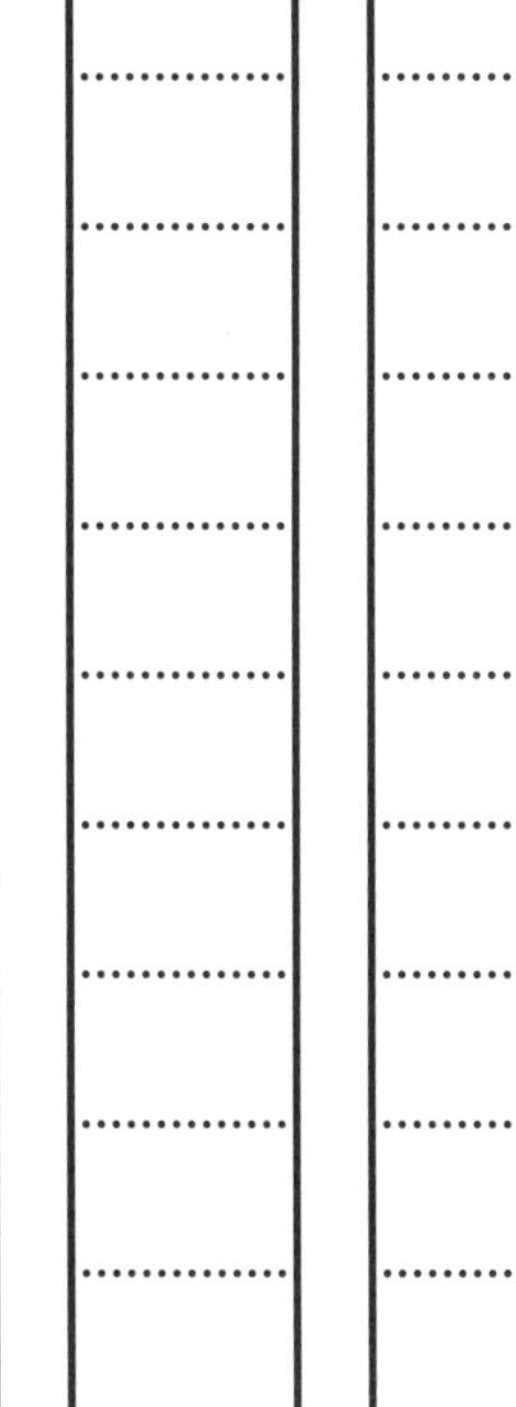
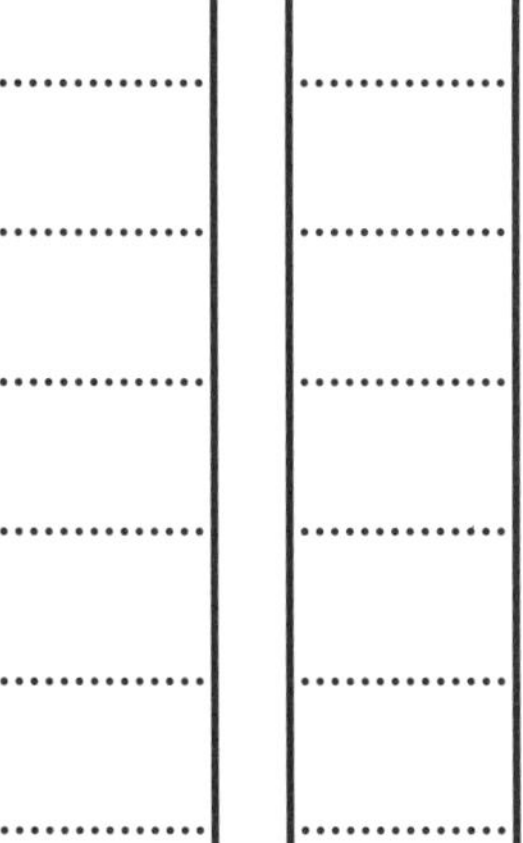
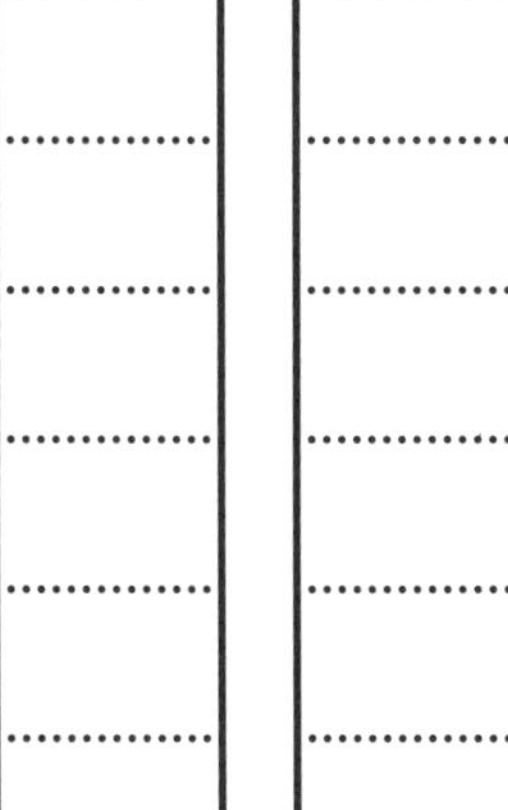
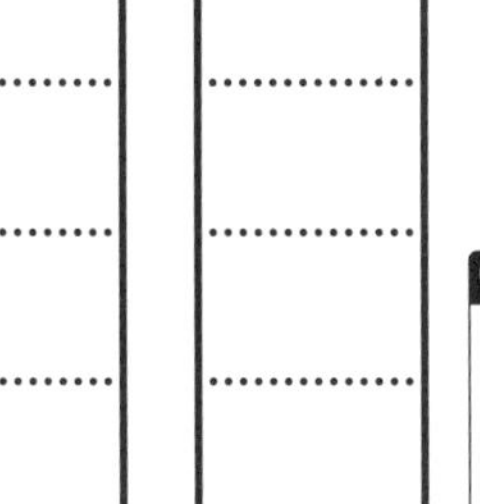

（1回目）
- この（1・2）
- その（3・4）
- あの（5）
- どの（6）

（2回目）
- おかしが（1・2・3）
- くだものが（4・5・6）
- あそびが（1・2・3）
- 本が（4・5・6）

（3回目）
- 大すきです。（1・2）
- おいしいです。（3・4）
- ほしいです。（5・6）
- いいですか。（1・2）
- すきですか。（3・4）
- □。（5・6）

こそあど言葉（これ・それ・あれ・どれ）①

これはわたしの家です。

名前

年　組

さいころを３回ふって文を作りましょう。

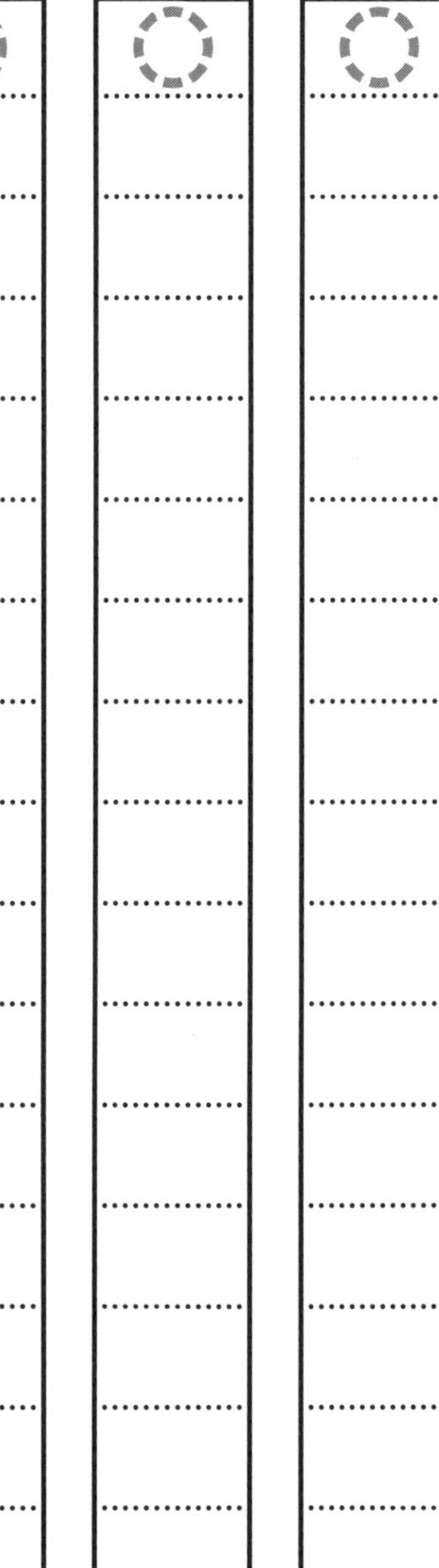

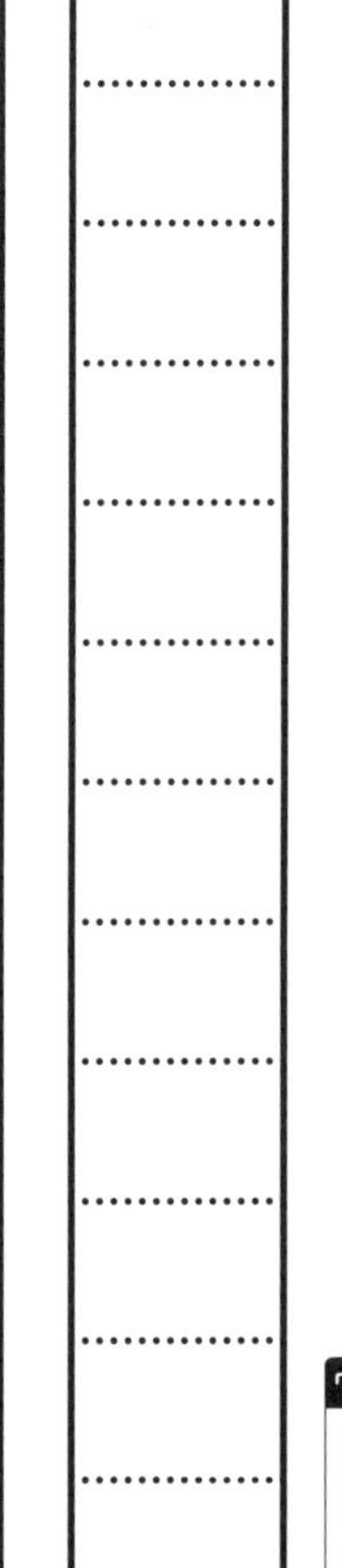

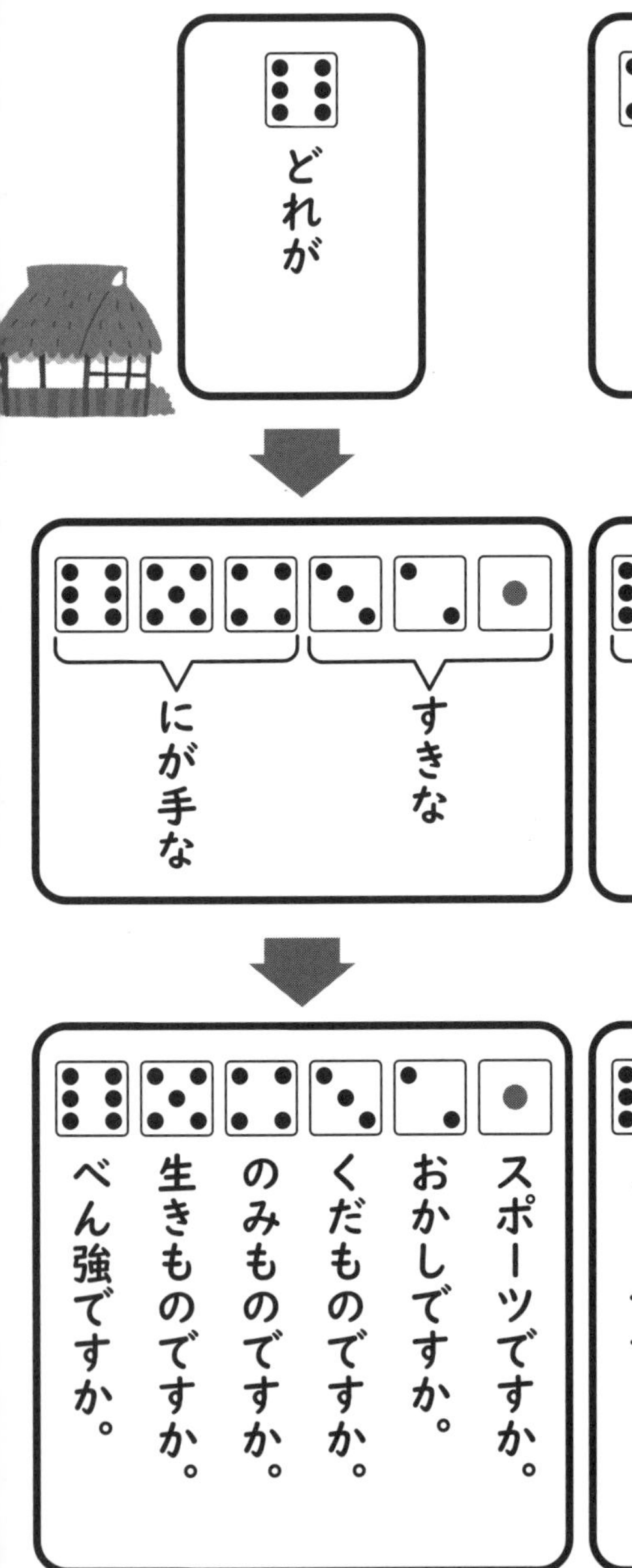

1回目

⚀ これは
⚁ これが
⚂ それは
⚃ それが
⚄ あれは
⚅ どれが

2回目

⚀⚁⚂ わたしの
⚃⚄⚅ あなたの

⚀⚁⚂ すきな
⚃⚄⚅ にが手な

3回目

⚀ 家です。
⚁ おかしです。
⚂ お金です。
⚃ うんこです。
⚄ たからものです。
⚅ ノートです。

⚀ スポーツですか。
⚁ おかしですか。
⚂ くだものですか。
⚃ のみものですか。
⚄ 生きものですか。
⚅ べん強ですか。

これはすきなおかしです。

さいころを3回ふって文を作りましょう。
□にあたったらことばを考えましょう。

名前
年　組

⚀ これは
⚁ これが
⚂ それは
⚃ それが
⚄ あれは
⚅ どれが

⚀⚁⚂ すきな
⚃⚄⚅ にが手な

⚀⚁⚂ とくいな
⚃⚄⚅ にが手な

⚀⚁ おかしです。
⚂⚃ 教科です。
⚄⚅ きゅう食です。

⚀⚁ スポーツですか。
⚂⚃ 学しゅうですか。
⚄⚅ □ですか。

こそあど言葉（ここ・そこ・あそこ・どこ）①

ここはこわいやしきです。

名前

年　組

さいころを3回ふって文を作りましょう。

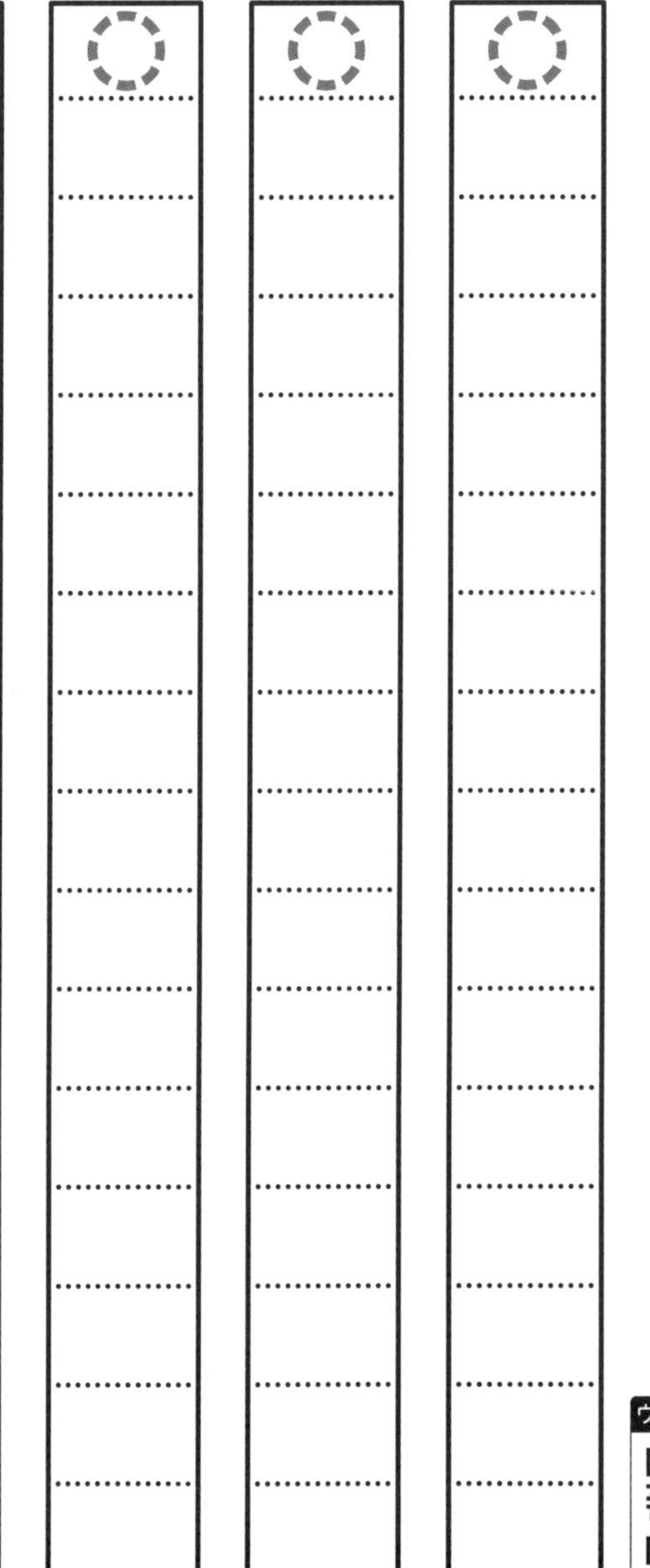

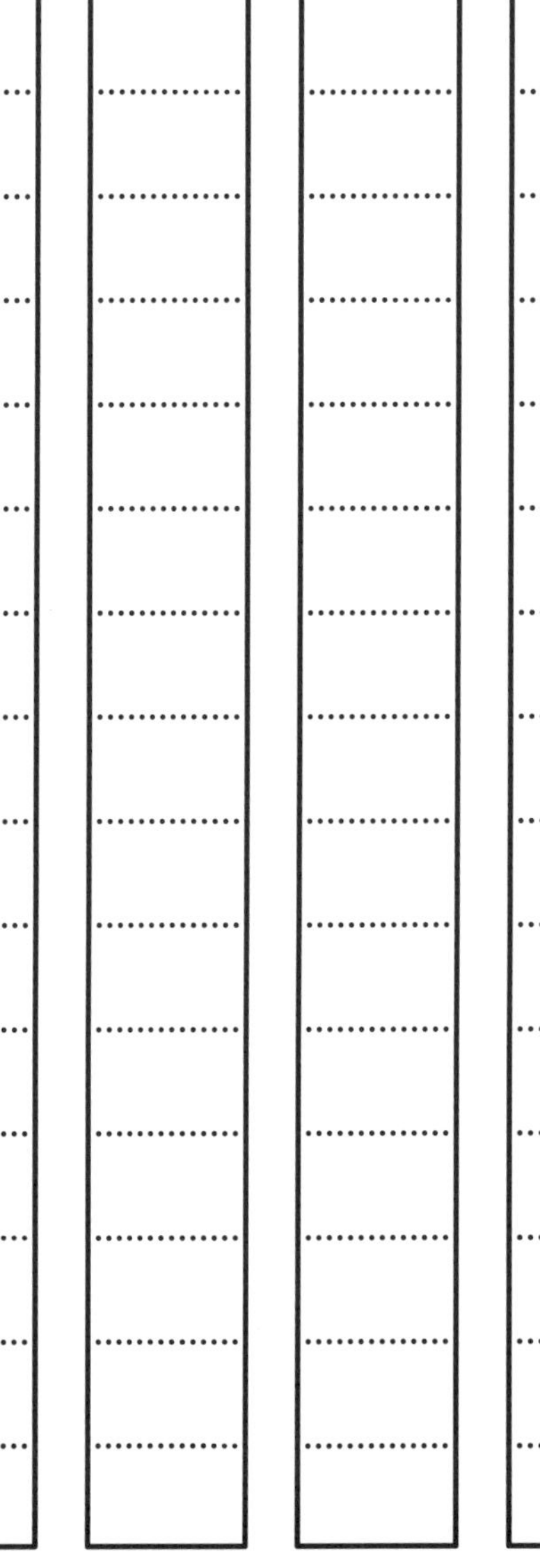

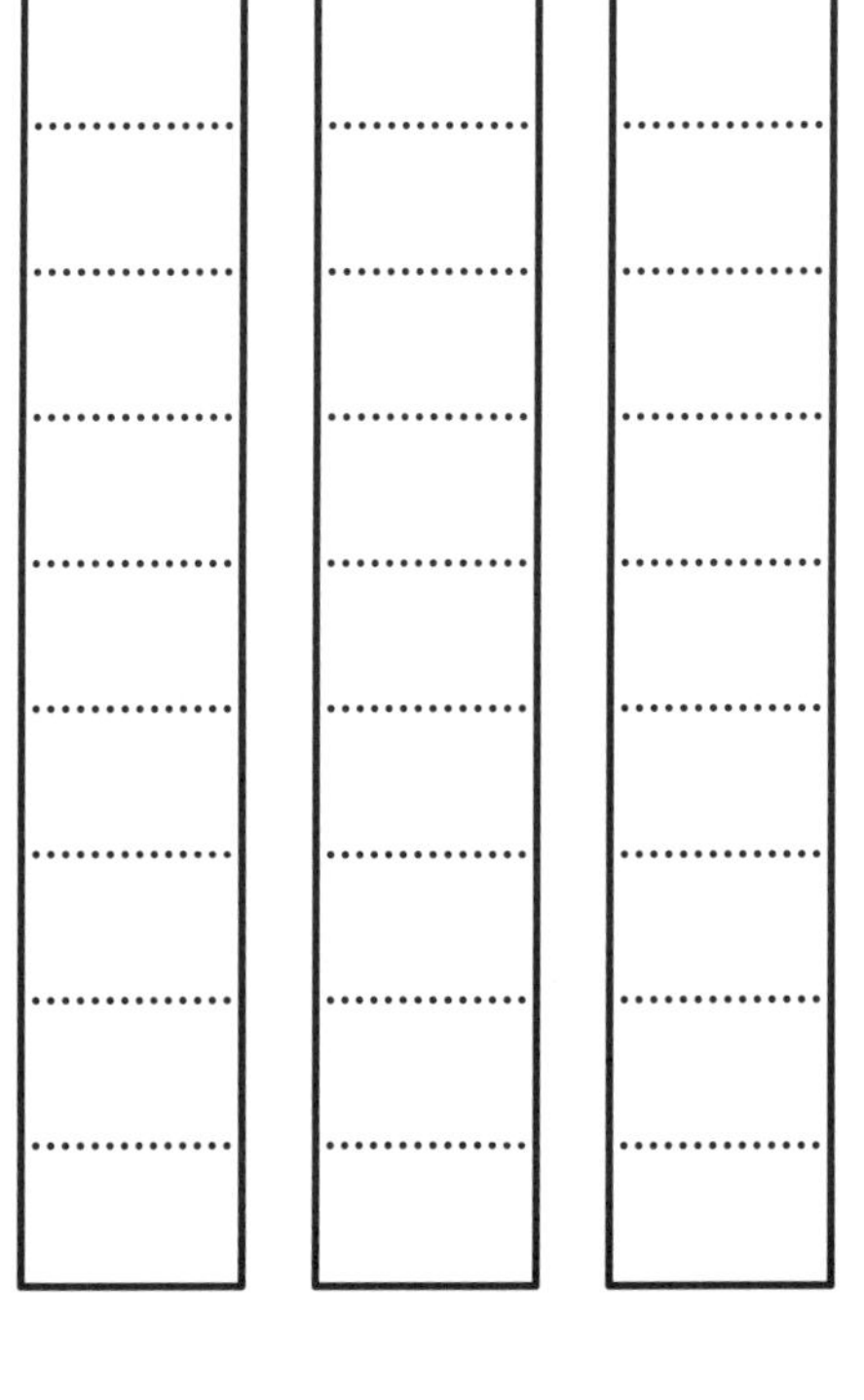

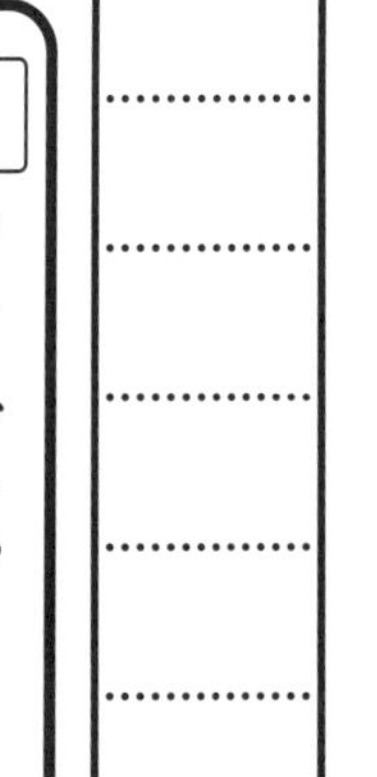

⚀ ここは
⚁ ここが
⚂ そこは
⚃ そこが
⚄ あすこは
⚅ どこが

↓

⚀⚁⚂ こわい
⚃⚄⚅ 楽しい

⚀⚁⚂ ふしぎな
⚃⚄⚅ かわった

↓

⚀ やしきです。
⚁ 空間です。
⚂ ところです。
⚃ 海です。
⚄ どうぶつ園です。
⚅ お寺です。

⚀ 村ですか。
⚁ せかいですか。
⚂ おしろですか。
⚃ ラーメンやですか。
⚄ 山ですか。
⚅ へやですか。

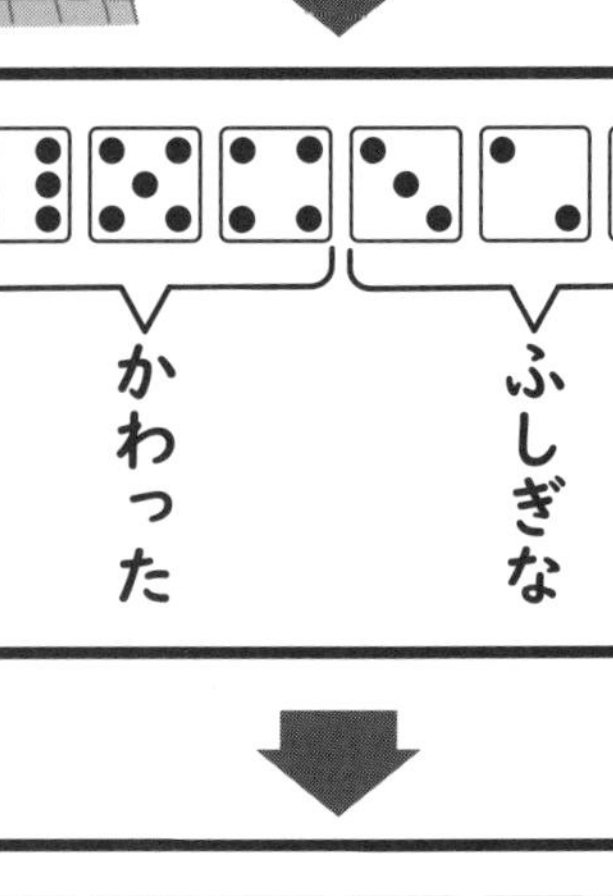

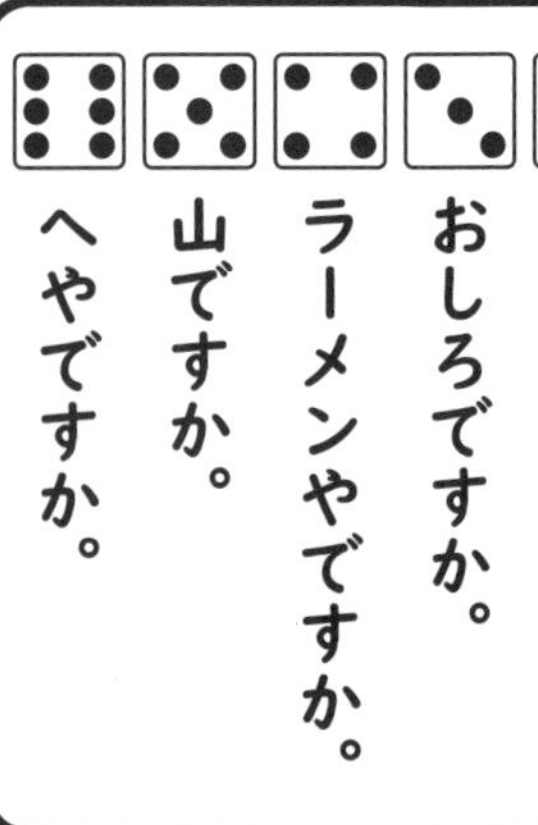

ここはあなたのすみかです。

名前　　年　　組

さいころを3回ふって文を作りましょう。
□にあたったらことばを考えましょう。

ウェブさいころ

さいころ	1	2	3	4	5	6
	ここは	ここが	そこは	そこが	あそこは	どこが

↓

さいころ	1・2・3	4・5・6
	あなたの	わたしの

さいころ	1・2・3	4・5・6
	すきな	きらいな

↓

さいころ	1	2	3	4	5	6
	すみかです。	ホテルです。	トイレです。	しごと場です。	学校です。	家です。

さいころ	1	2	3	4	5	6
	国ですか。	場しょですか。	町ですか。	公園ですか。	ゆう園地ですか。	□ですか。

文と文の接続（順接）①

たからばこを見つけた。だから、おいわいをした。

さいころを3回ふって文しょうを作りましょう。

名前
年　組

⚀	たからばこを見つけた。
⚁	てきをたおした。
⚂	雪がつもった。
⚃	ぼくはモグラになっていた。
⚄	百万円が当たった。
⚅	今日はたん生日だ。

↓

⚀⚁	だから、
⚂⚃	そこで、
⚄⚅	それで、

↓

⚀	おいわいをした。
⚁	人をよんだ。
⚂	パーティーをした。
⚃	一日中あそんだ。
⚄	学校を休んだ。
⚅	ないてしまった。

ウェブさいころ

やりがふってきた。だから、あんぜんな場しょをさがした。

さいころを3回ふって文しょうを作りましょう。
□にあたったらことばを考えましょう。

ウェブさいころ

名前

年　組

⚅ ⚄ ⚃ ⚂ ⚁ ⚀

⚀ やりがふってきた。
⚁ 先生におこられた。
⚂ わるいゆめをみた。
⚃ おばけがあらわれた。
⚄ 岩がおちてきた。
⚅ □。

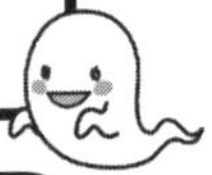

⚀⚁ だから、
⚂⚃ そこで、
⚄⚅ それで、

⚀ あんぜんな場しょをさがした。
⚁ ほっぺたをつねった。
⚂ 目がさめた。
⚃ まほうをつかった。
⚄ にげることにした。
⚅ □。

文と文の接続（逆接）①

おさいふをおとした。しかし、それはゆめだった。

さいころを3回ふって文しょうを作りましょう。

さいころ	1回目	2回目	3回目
⚀	おさいふをおとした。	しかし、	それはゆめだった。
⚁	おねしょをした。	しかし、	ほめられた。
⚂	しゅくだいをわすれた。	けれども、	だまっていた。
⚃	つうこんのミスをした。	けれども、	なかなかった。
⚄	やくそくをやぶった。	ところが、	目てきははたせた。
⚅	ゴール前でころんだ。	ところが、	後かいはしていない。

名前

年　組

あいにくの雨だ。しかし、楽しくあそんだ。

さいころを3回ふって文しょうを作りましょう。
［　］にあたったらことばを考えましょう。

⚀	⚁	⚂	⚃	⚄	⚅
あいにくの雨だ。	しょうぶにまけた。	けがをした。	教室でこけた。	かん字をまちがえた。	［　］。

⚀ ⚁	⚂ ⚃	⚄ ⚅
しかし、	けれども、	ところが、

⚀	⚁	⚂	⚃	⚄	⚅
楽しくあそんだ。	なんとかなった。	気にしなかった。	へい気だった。	わらってすごした。	［　］。

ウェブさいころ

名前

年　組

弟はおどろいた。なぜなら、赤ちゃんがなき出したからだ。

さいころを3回ふって文しょうを作りましょう。

名前

年　組

ウェブさいころ

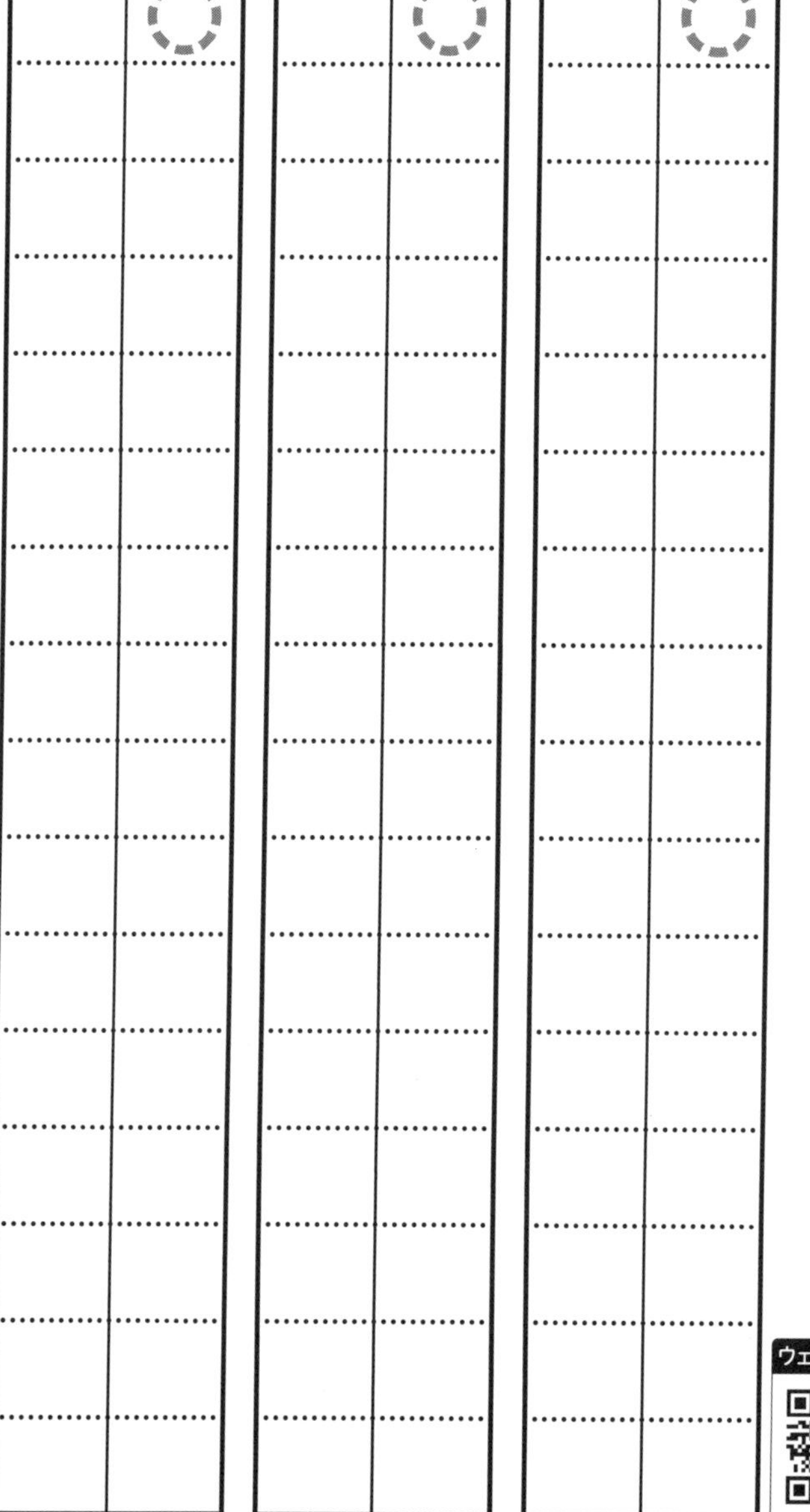

さいころ	
1	弟は
2	ぼくは
3	父は
4	母は
5	友は
6	おじは

さいころ	
1	おどろいた。
2	びっくりした。
3	あわてた。
4	とび上がった。
5	気をうしなった。
6	立ち上がった。

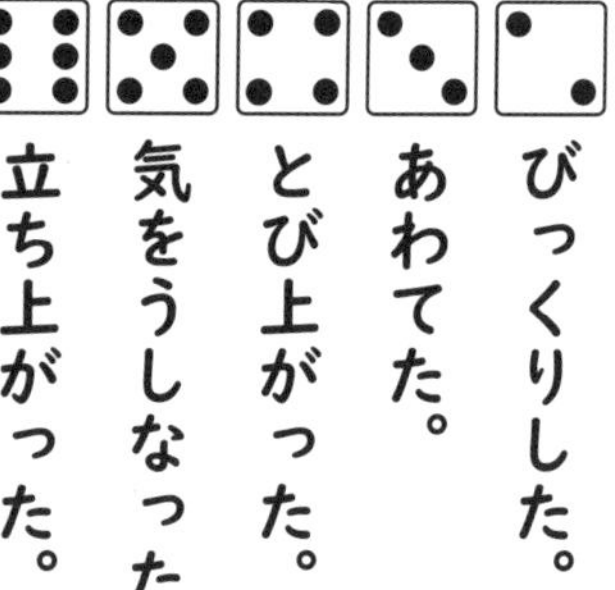

さいころ	
1	なぜなら、赤ちゃんがなき出したからだ。
2	なぜなら、とてもさむかったからだ。
3	なぜなら、公園のいすがあつかったからだ。
4	なぜなら、日がくれていたからだ。
5	なぜなら、近くで大きな音がしたからだ。
6	なぜなら、きゅうに雨がふったからだ。

ぼくは声を出した。なぜなら、家を出ると犬がいたからだ。

名前　年　組

さいころを3回ふって文しょうを作りましょう。［　　］にあたったらことばを考えましょう。

さいころ	
⚀	ぼくは
⚁	父は
⚂	母は
⚃	友は
⚄	おじは
⚅	［　　］は

↓

さいころ	
⚀	声を出した。
⚁	こしをぬかした。
⚂	目をつぶった。
⚃	二ど見した。
⚄	こまりはてた。
⚅	どうようした。

←

さいころ	
⚀	なぜなら、家を出ると犬がいたからだ。
⚁	なぜなら、［　　］がなき出したからだ。
⚂	なぜなら、公園のいすがなくなったからだ。
⚃	なぜなら、いつの間にか夜になったからだ。
⚄	なぜなら、［　　］な音が鳴ったからだ。
⚅	なぜなら、ひょうがふってきたからだ。

わたしには楽しみがある。たとえば、ねったい魚を見ることだ。

さいころを２回ふって文しょうを作りましょう。

⚀ わたしには楽しみがある。
⚁ ぼくには楽しみがある。
⚂ 父には楽しみがある。
⚃ 母には楽しみがある。
⚄ 弟には楽しみがある。
⚅ おばには楽しみがある。

⚀ たとえば、ねったい魚を見ることだ。
⚁ たとえば、夏にアイスを食べることだ。
⚂ たとえば、りょ行をすることだ。
⚃ たとえば、大きなケーキを作ることだ。
⚄ たとえば、クイズ番組を見ることだ。
⚅ たとえば、友だちと話をすることだ。

ウェブさいころ

名前

年　組

わたしにはしたいことがある。たとえば、子犬をかうことだ。

さいころを2回ふって文しょうを作りましょう。
[ ]にあたったらことばを考えましょう。

ウェブさいころ

名前　年　組

⚀ わたしにはしたいことがある。
⚁ ぼくにはしたいことがある。
⚂ 父にはしたいことがある。
⚃ 母にはしたいことがある。
⚄ 弟にはやってみたいことがある。
⚅ [ ]にはしたいことがある。

⚀ たとえば、子犬をかうことだ。
⚁ たとえば、ピザをやくことだ。
⚂ たとえば、外国に行くことだ。
⚃ たとえば、[ ]を作ることだ。
⚄ たとえば、空をとぶことだ。
⚅ たとえば、ふくを作ることだ。

この人は母のおっとです。つまり、わたしの父です。

名前
年　組

さいころを3回ふって文しょうを作りましょう。

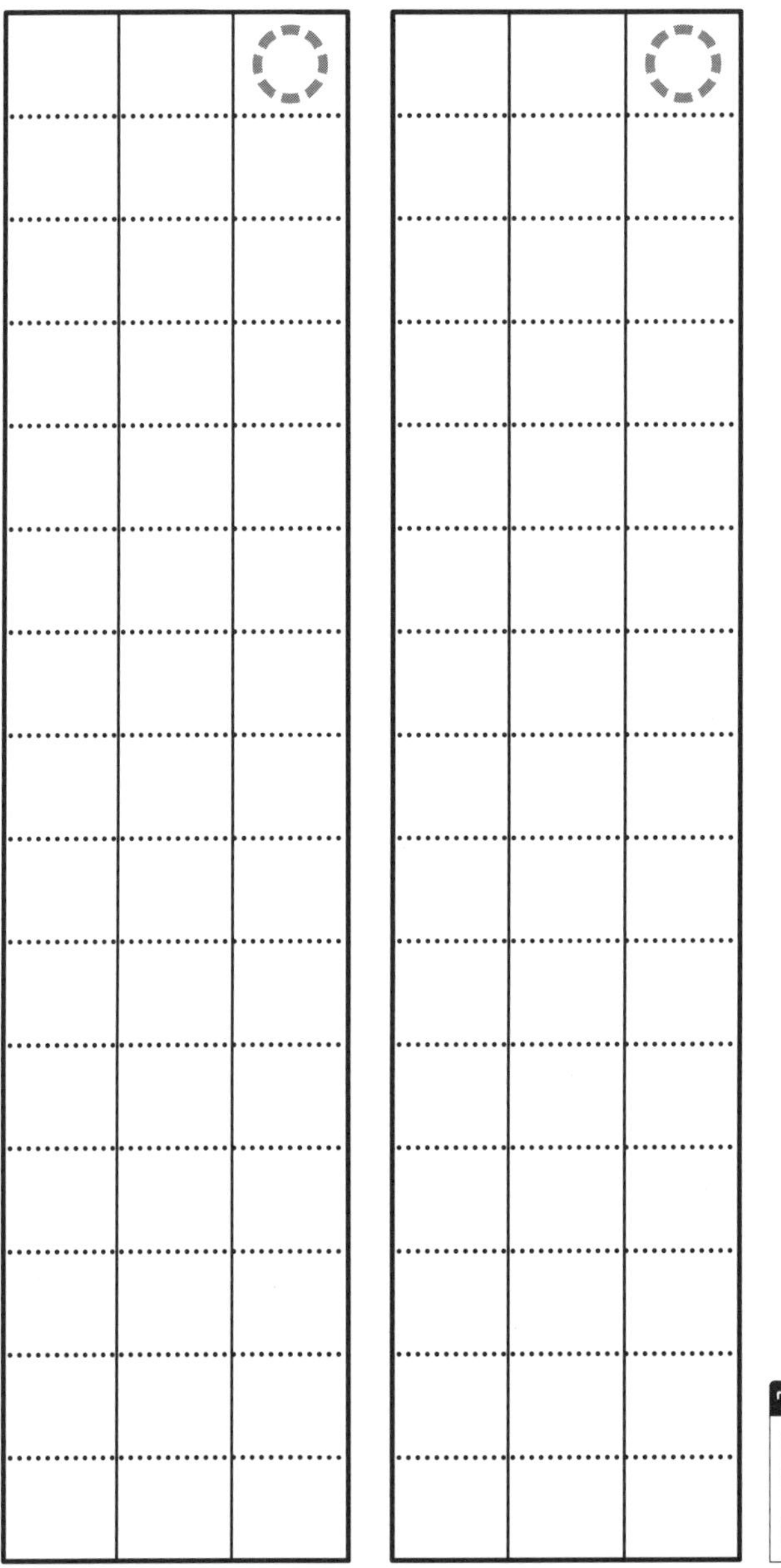

ウェブさいころ

⚀ この人は母のおっとです。
⚁ この人は妹の父親です。
⚂ この人はおじさんの弟です。
⚃ この人はおじいちゃんの子どもです。
⚄ この人はおばあちゃんのむすこです。
⚅ この人は家ぞくで一番年上の男です。

⚀⚁ つまり、
⚂⚃ ようするに、
⚄ すなわち、
⚅ 言いかえると、

⚀ わたしの父です。
⚁ わたしのお父さんです。
⚂ わたしのパパです。
⚃ わたしたちの父上です。
⚄ わたしたち一家の大黒ばしらです。
⚅ おれのおやじです。

わたしは百円玉二まいと十円玉五まいを出しました。つまり、二百五十円をしはらいました。

名前　　年　　組

さいころを3回ふって文しょうを作りましょう。□にあたったらことばを考えましょう。

ウェブさいころ

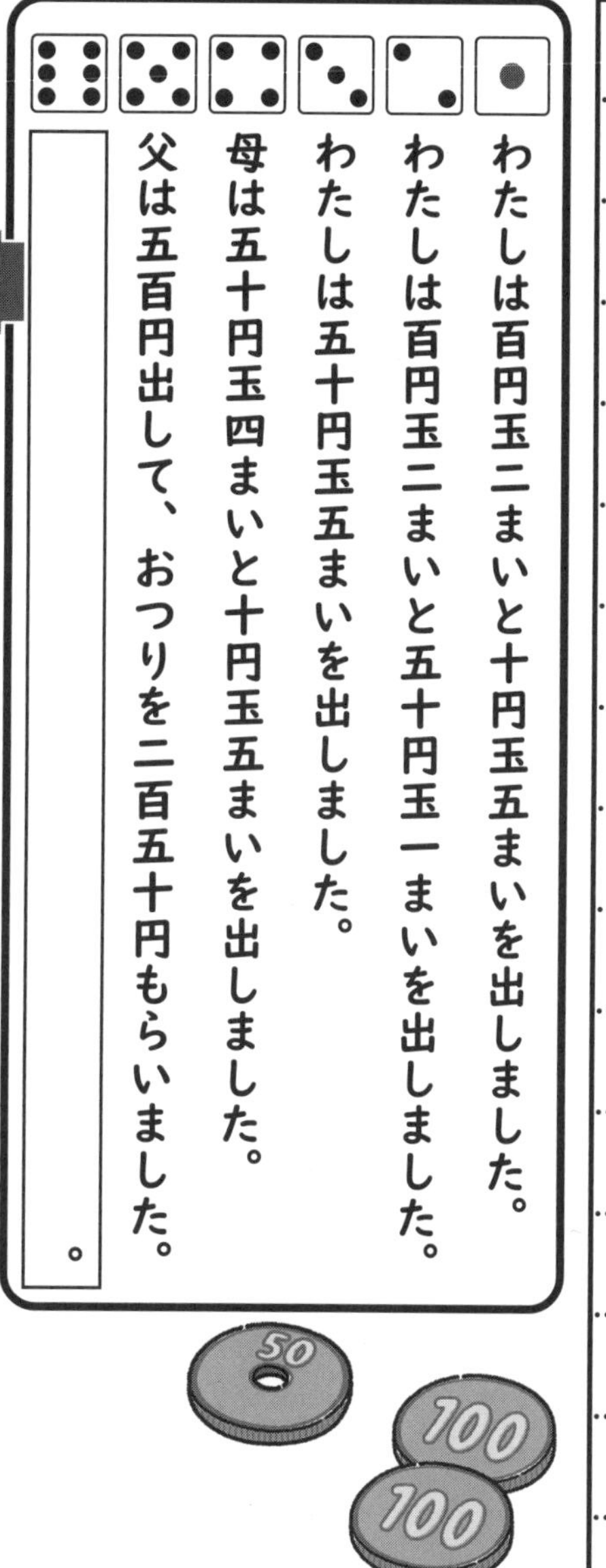

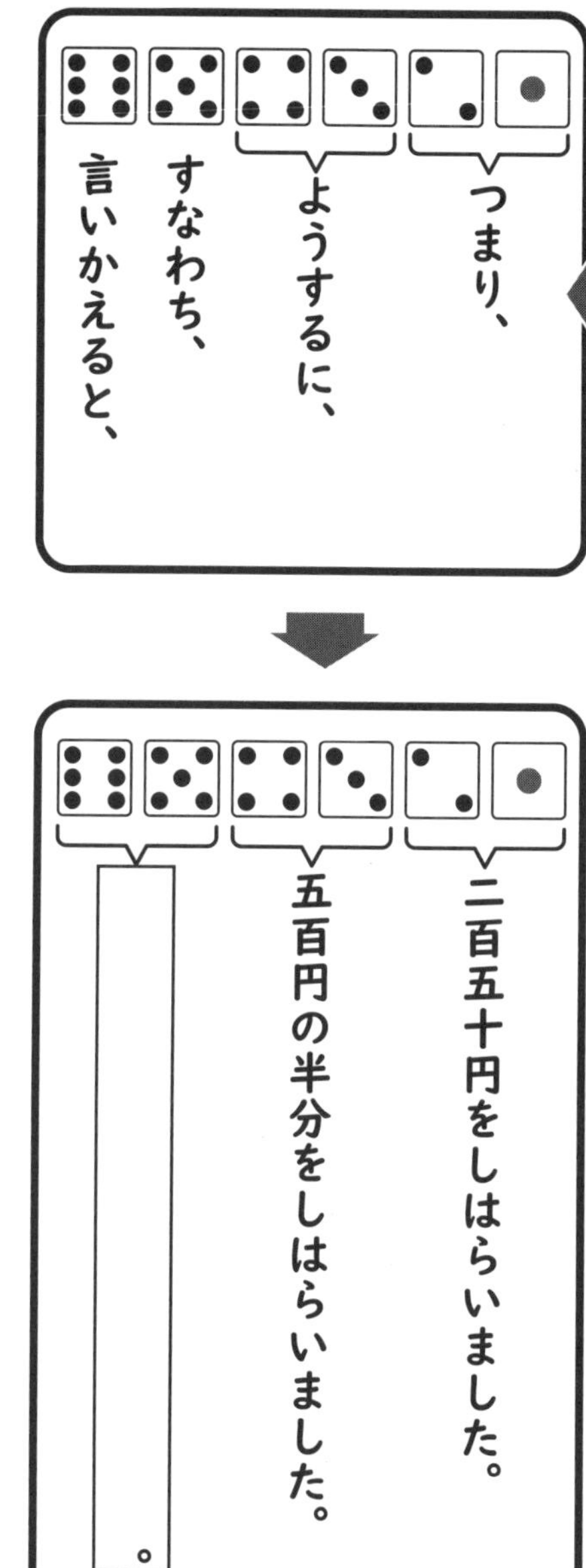

この虫はめずらしいです。また、たいへんかわいいです。

名前　　　年　　組

さいころを3回ふって文しょうを作りましょう。

ウェブさいころ

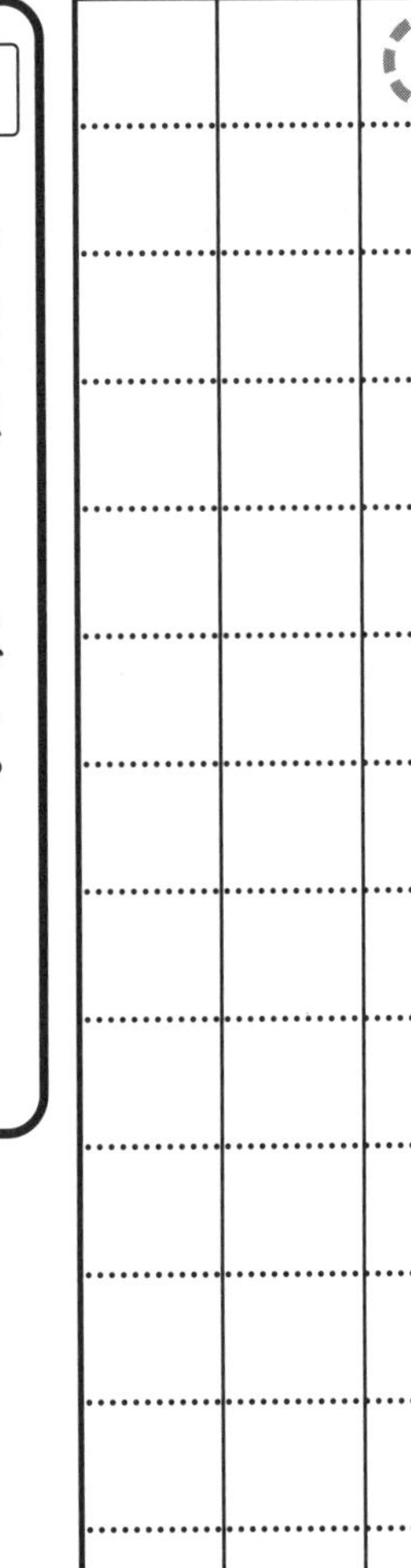

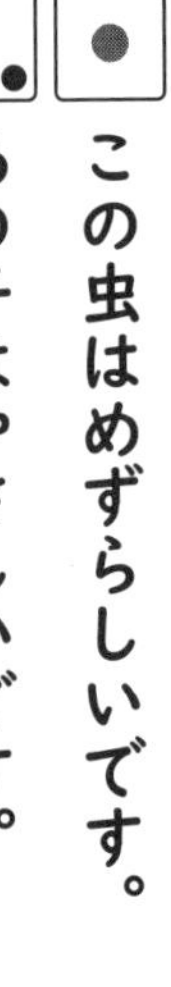

- この虫はめずらしいです。
- あの子はやさしいです。
- この絵はすばらしいです。
- となりの犬はおりこうです。
- その赤い花はあいらしいです。
- このほう石はきちょうです。

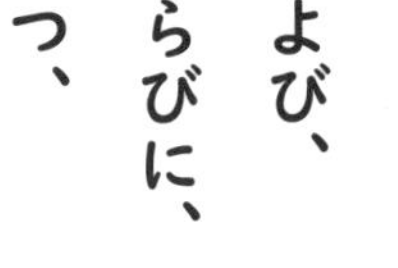

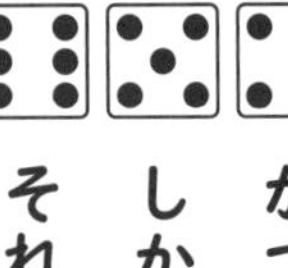

- また、
- および、
- ならびに、
- かつ、
- しかも、
- それから、

- たいへんかわいいです。
- とてもすてきです。
- きわめてうつくしいです。
- たいへんきれいです。
- ひじょうにまぶしいです。
- とても大きいです。

そのえい画はかんどうてきです。また、とてもわくわくします。

さいころを3回ふって文しょうを作りましょう。
□にあたったらことばを考えましょう。

名前

年　組

ウェブさいころ

⚀	⚁	⚂	⚃	⚄	⚅
そのえい画はかんどうてきです。	この本はおもしろいです。	ひろくんの手じなはふしぎです。	先生のじゅぎょうはねっ中します。	このゲームは楽しいです。	□。

⚀	⚁	⚂	⚃	⚄	⚅
また、	および、	ならびに、	かつ、	しかも、	それから、

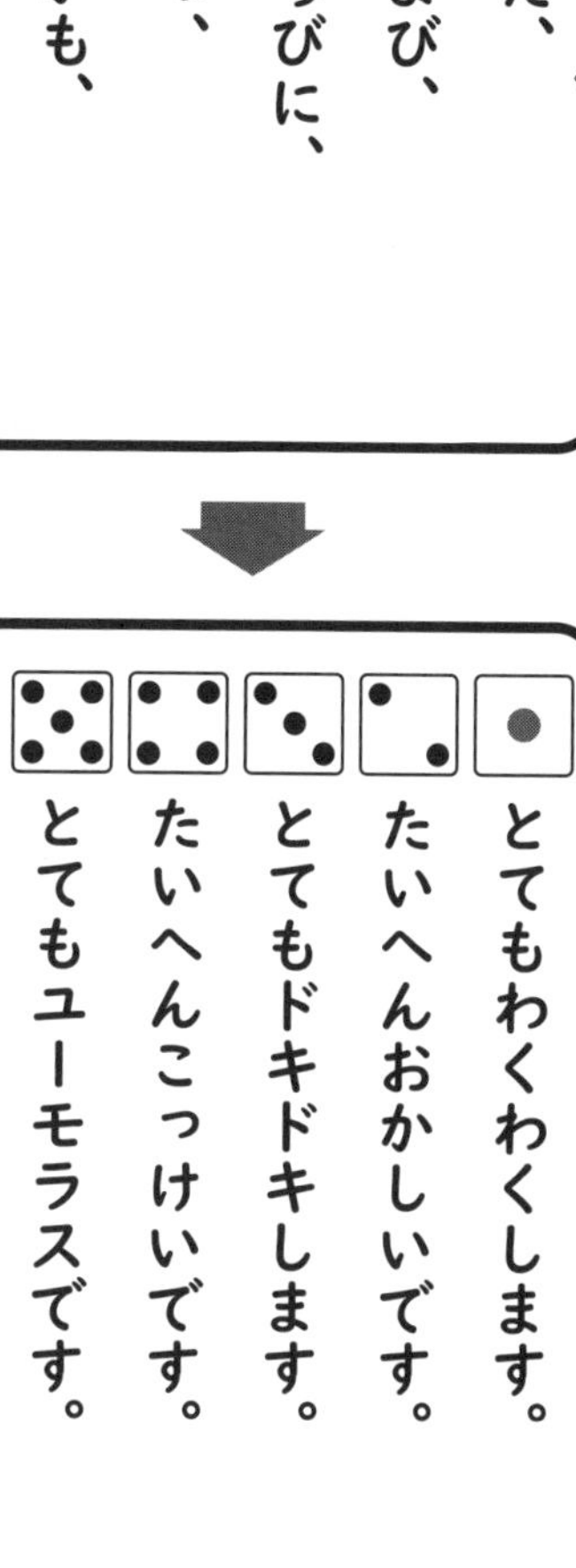

⚀	⚁	⚂	⚃	⚄	⚅
とてもわくわくします。	たいへんおかしいです。	とてもドキドキします。	たいへんこっけいです。	とてもユーモラスです。	□。

わたしはレッドがすきだ。さらに、ピンクもすきだ。

名前　　年　　組

さいころを4回ふって文しょうを作りましょう。

ウェブさいころ

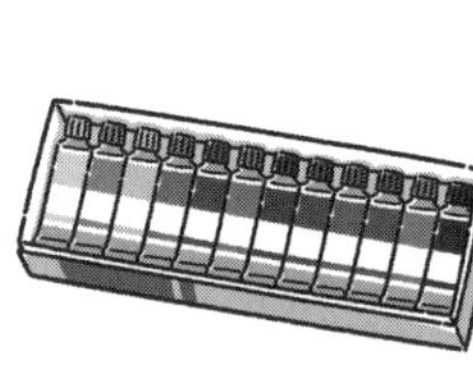

⚀	わたしは
⚁	お父さんは
⚂	お母さんは
⚃	お兄さんは
⚄	お姉さんは
⚅	先生は

⚀	レッドがすきだ。
⚁	ブルーがすきだ。
⚂	イエローがすきだ。
⚃	グリーンがすきだ。
⚄	パープルがすきだ。
⚅	オレンジがすきだ。

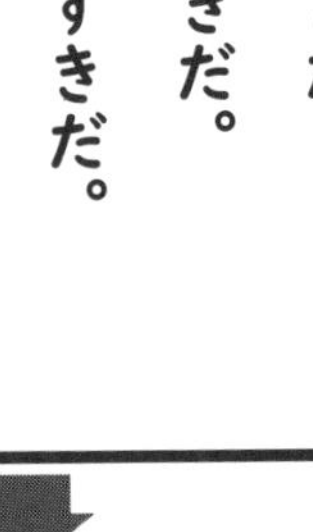

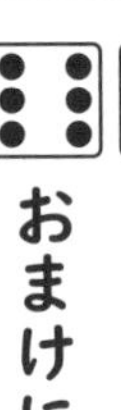

⚀	さらに、
⚁	そのうえ、
⚂	そして、
⚃	しかも、
⚄	また、
⚅	おまけに、

⚀	ピンクもすきだ。
⚁	ホワイトもすきだ。
⚂	ブラックもすきだ。
⚃	グレーもすきだ。
⚄	ブラウンもすきだ。
⚅	ゴールドもすきだ。

一年生は算数がすきだ。さらに、朝の会もすきだ。

さいころを4回ふって文しょうを作りましょう。
□にあたったらことばを考えましょう。

さいころ	
⚀	一年生は
⚁	二年生は
⚂	三年生は
⚃	四年生は
⚄	五年生は
⚅	六年生は

さいころ	
⚀	算数がすきだ。
⚁	国語がすきだ。
⚂	体いくがすきだ。
⚃	音楽がすきだ。
⚄	図工がすきだ。
⚅	□すきだ。

さいころ	
⚀	さらに、
⚁	そのうえ、
⚂	そして、
⚃	しかも、
⚄	また、
⚅	おまけに、

さいころ	
⚀	朝の会もすきだ。
⚁	かかりもすきだ。
⚂	休み時間もすきだ。
⚃	そうじもすきだ。
⚄	きゅう食もすきだ。
⚅	□。

ウェブさいころ

名前　　年　　組

朝雨がふってきた。なお、今日は遠足の日だ。

名前　年　組

さいころを3回ふって文しょうを作りましょう。

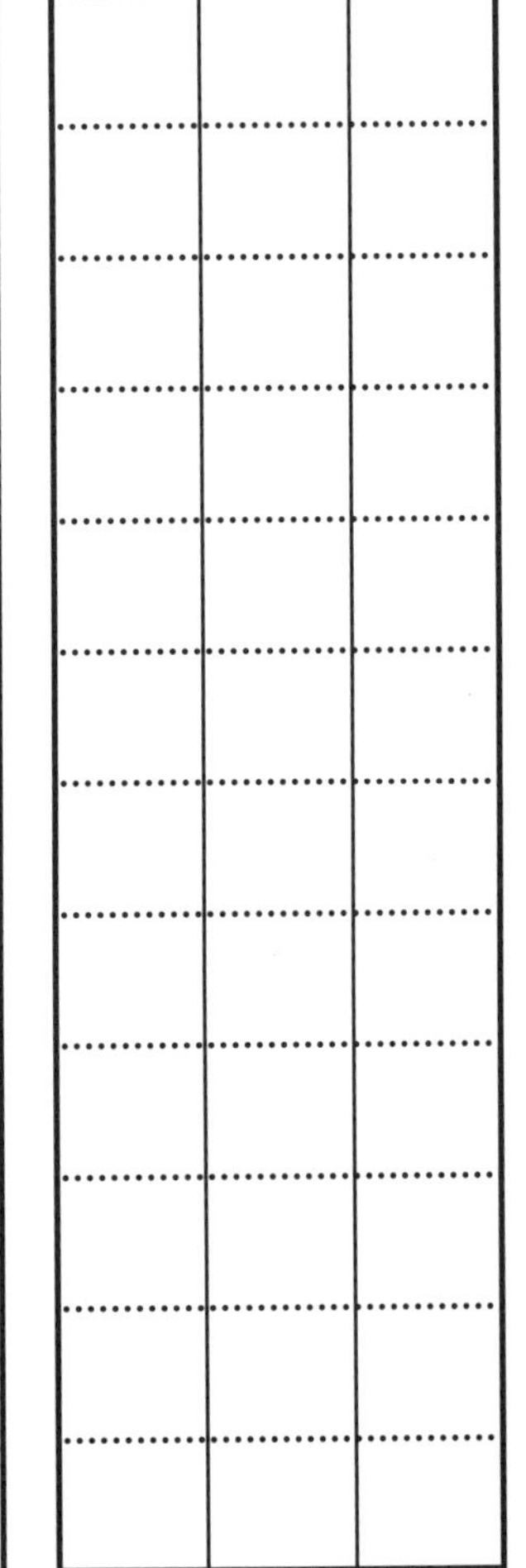

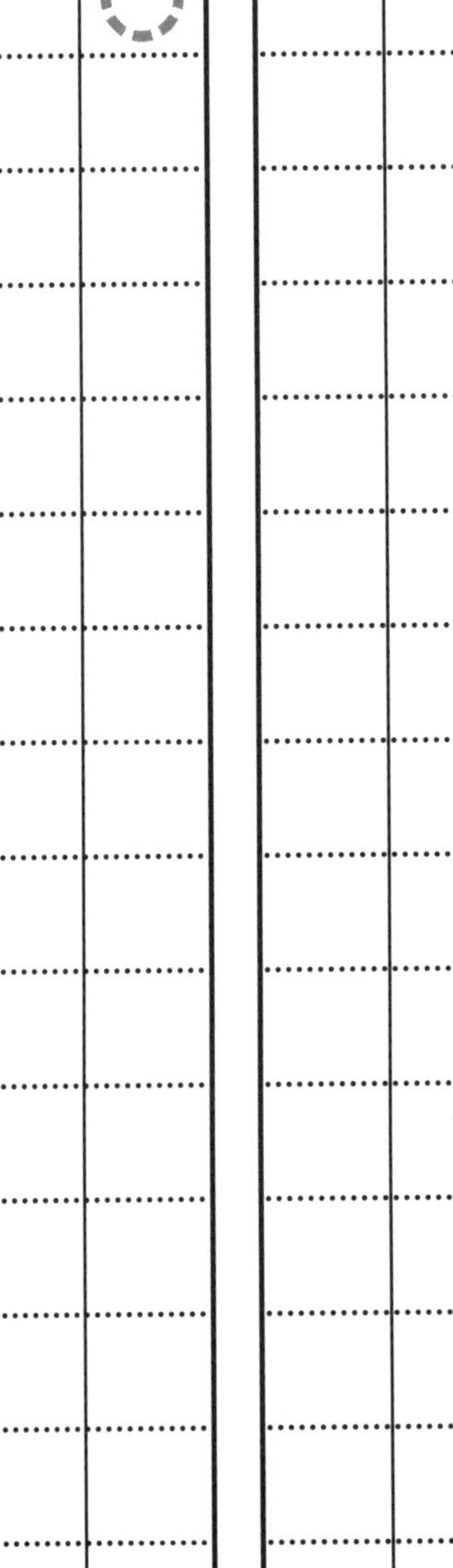

⚀ 朝雨がふってきた。
⚁ 朝おきたら十時だった。
⚂ 朝おきたらむ人とうにいた。
⚃ 朝お母さんとケンカした。
⚄ 朝ねぼうした。
⚅ 朝ハチにさされた。

⚀⚁⚂ なお、
⚃⚄⚅ ただし、

⚀ 今日は遠足の日だ。
⚁ 今日はうんどう会の日だ。
⚂ 今日は社会か見学の日だ。
⚃ 今日はたん生日だ。
⚄ 今日は入学しきの日だ。
⚅ 今日はそつぎょうしきの日だ。

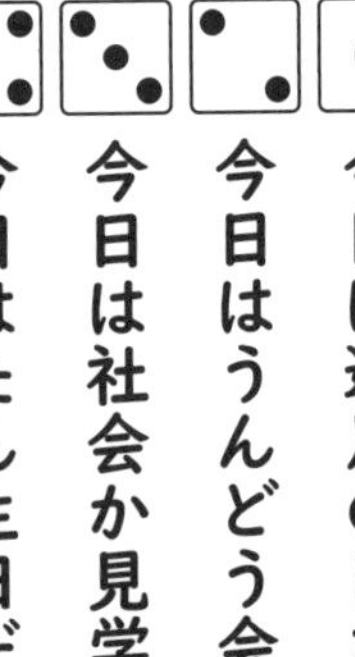

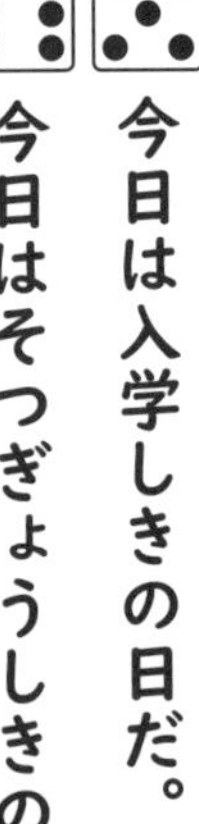

ウェブさいころ

わたしはおもちゃがほしい。なお、わたしは五十すぎのおじさんだ。

さいころを3回ふって文しょうを作りましょう。
［　］にあたったらことばを考えましょう。

名前　　年　　組

ウェブさいころ

- ⚀ わたしはおもちゃがほしい。
- ⚁ わたしはお金がほしい。
- ⚂ わたしは自てん車がほしい。
- ⚃ わたしは一人たびがしたい。
- ⚄ わたしはゲームがしたい。
- ⚅ わたしはりょう理がしたい。

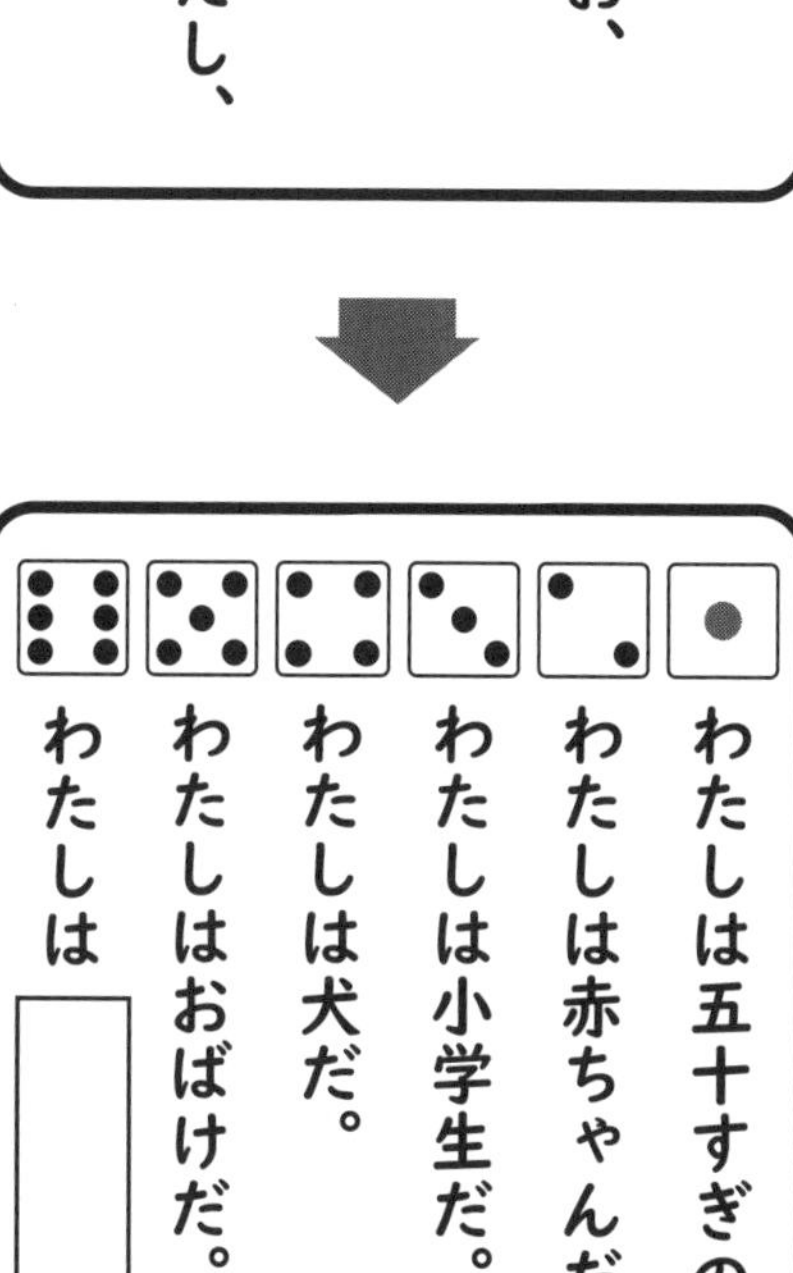

- ⚀⚁⚂ なお、
- ⚃⚄⚅ ただし、

- ⚀ わたしは五十すぎのおじさんだ。
- ⚁ わたしは赤ちゃんだ。
- ⚂ わたしは小学生だ。
- ⚃ わたしは犬だ。
- ⚄ わたしはおばけだ。
- ⚅ わたしは［　］。

朝ごはんは目玉やきですか。それとも、なっとうですか。

さいころを4回ふって文しょうを作りましょう。

名前

年　組

ウェブさいころ

1. 朝ごはんは
2. 昼ごはんは
3. きゅう食は
4. おやつは
5. 夜ごはんは
6. 夜食は

1. 目玉やきですか。
2. オムライスですか。
3. あげパンですか。
4. ドーナツですか。
5. カレーですか。
6. ケーキですか。

1・2. それとも、
3・4. あるいは、
5. または、
6. もしくは、

1. なっとうですか。
2. しおおにぎりですか。
3. みそラーメンですか。
4. まんじゅうですか。
5. ハンバーグですか。
6. バナナですか。

あなたは山へ行きますか。それとも、海へ行きますか。

さいころを4回ふって文しょうを作りましょう。

□にあたったらことばを考えましょう。

名前　　年　組

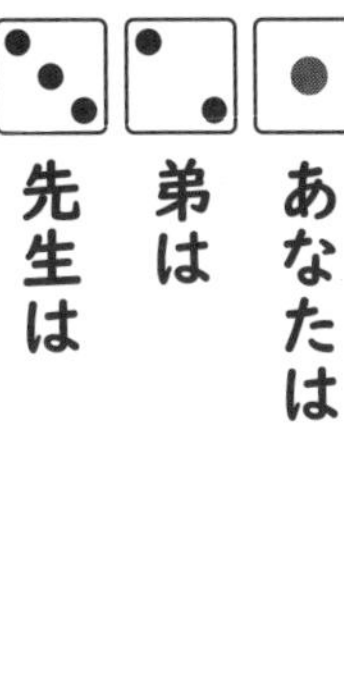

1. あなたは
2. 弟は
3. 先生は
4. あのサルは
5. 王さまは
6. □は

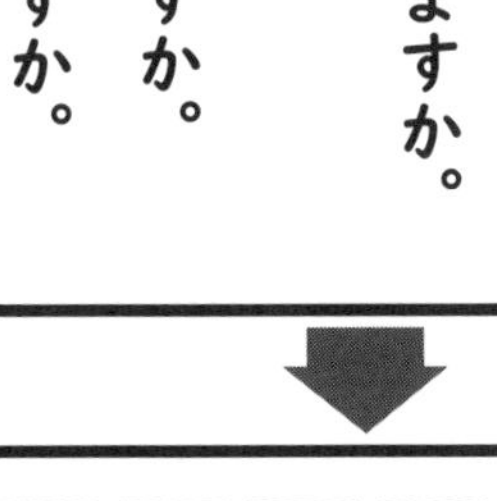

1. 山へ行きますか。
2. べん強をしますか。
3. ゆう園地に行きますか。
4. 本を読みますか。
5. 家で絵をかきますか。
6. 公園であそびますか。

- 1・2：それとも、
- 3・4：あるいは、
- 5：または、
- 6：もしくは、

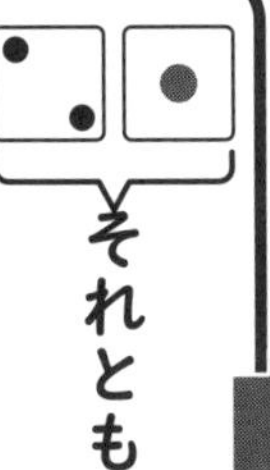

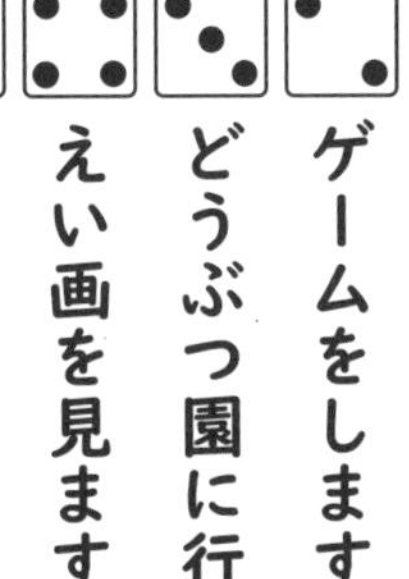

1. 海へ行きますか。
2. ゲームをしますか。
3. どうぶつ園に行きますか。
4. えい画を見ますか。
5. サッカーをしますか。
6. トイレに行きますか。

問いと答え①

人はなぜ生きるのか。人はしあわせになるために生きるのだ。

さいころを2回ふって文しょうを作りましょう。

名前

年　組

ウェブさいころ

人はなぜ生きるのか。

人はしあわせになるために生きるのだ。
人は人生を楽しむために生きるのだ。
人は名をのこすために生きるのだ。
人は友だちをつくるために生きるのだ。
人はせかいをかえるために生きるのだ。
人は人をよろこばせるために生きるのだ。

向こうから走ってくるものは何か。

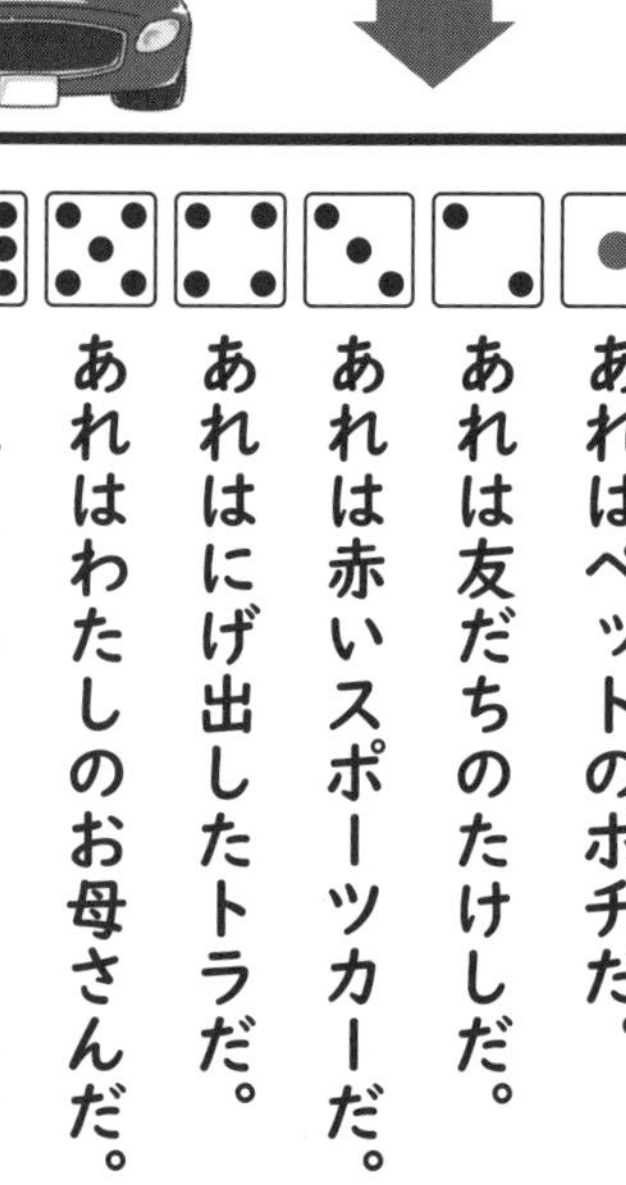

あれはペットのポチだ。
あれは友だちのたけしだ。
あれは赤いスポーツカーだ。
あれはにげ出したトラだ。
あれはわたしのお母さんだ。
あれはきみのおじいさんだ。

ゆめをかなえるひけつは何か。それはあきらめないことだ。

さいころを2回ふって文しょうを作りましょう。

□にあたったらことばを考えましょう。

ウェブさいころ

名前

年　組

ゆめをかなえるひけつは何か。

それはあきらめないことだ。
それはかんしゃの気もちをもつことだ。
それはまい日つづけることだ。
それは楽しみながらとり組むことだ。
それはゆめを人に話してみることだ。
それは人の話をよく聞くことだ。

あの子はなぜ人気なのか。

それはかっこいいからだ。
それはおもしろいからだ。
それはかしこいからだ。
それはやさしいからだ。
それは足がはやいからだ。
それは□からだ。

教室でできる簡単なさいころゲーム

さいころを使った教材には「神のみぞ知る」運命的な結果が待ち受けている面白さがあります。

教室でできる簡単なさいころゲームを紹介します。さいころとメモする紙があればすぐに楽しめます。

【Pig（ピッグ）】

〈概要〉

さいころを振って目の合計が最初に（100点）に達した人の勝地です。

〈人数〉

3～5人

〈ルール〉

自分の順番になったら何回サイコロを振ってもいいです。その合計が得点になります。ただし、「1」が出たら0点になってしまい、次の人の順番になります。「1」が出る前にやめればすべて得点になります。

さいころの止め時が勝負を決します。

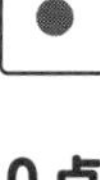

なお、時間制限制にしたり回数指定制にしたりして、得点の多い方の勝ちというルールでも楽しめます。

なお、私が開発したさいころを使用した教材に「エンドレスすごろく」があります。47都道府県編、歴史人物編、外国語活動編、英語編とそろえています。興味のある方は以下の村野聡教材開発ショップへおいでください。お待ちしております。

「教材開発」タブよりお入りください。↓

村野式熱中ゲーム

さいころ作文96

高学年 編

報道①

先日、校庭で一年生が初めて元気に歌を歌った。

名前　　年　　組

さいころを4回ふってニュース記事を作りましょう。

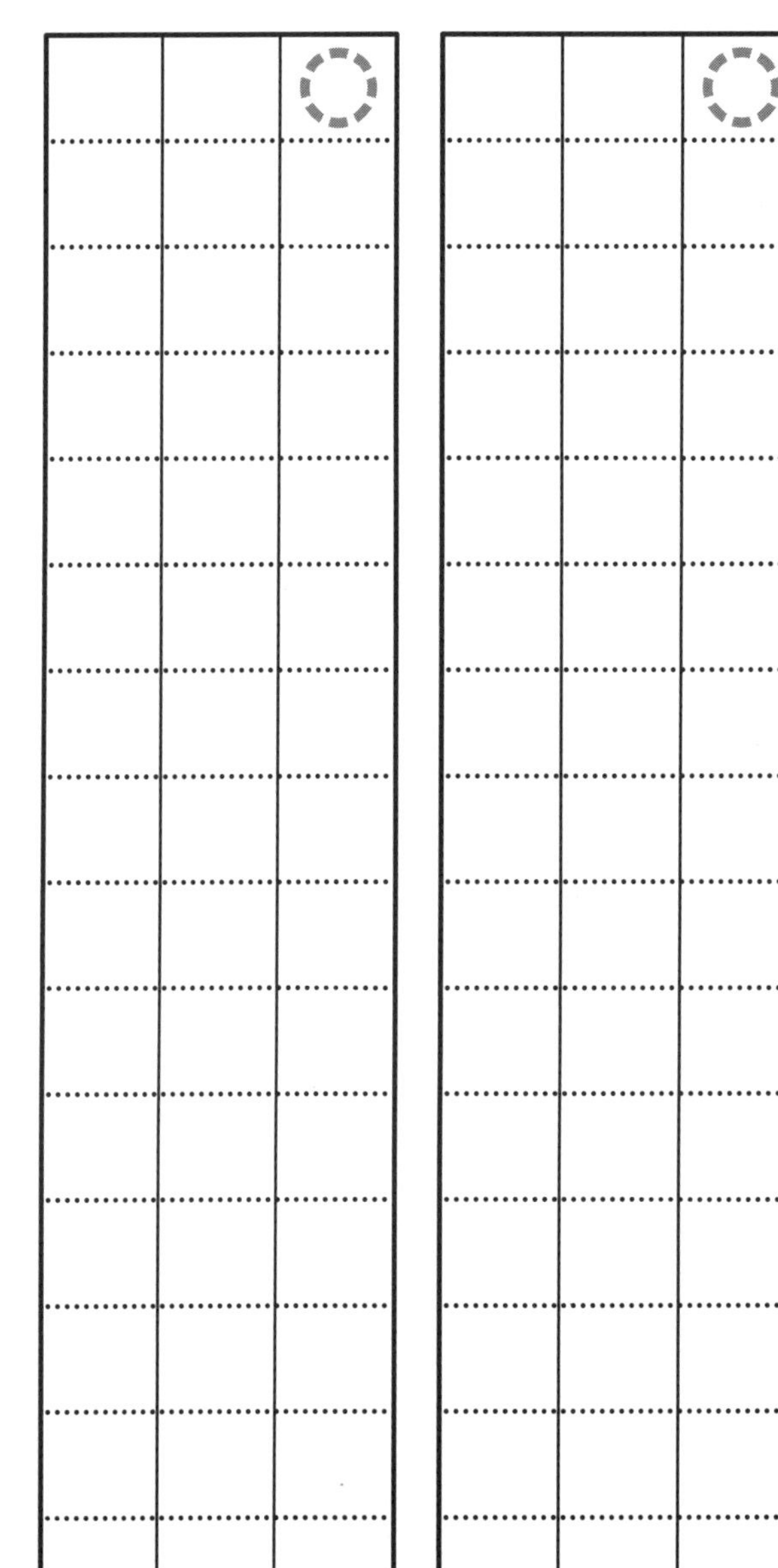

いつ

さいころ	
⚀	先日、
⚁	昨ばん、
⚂	今朝、
⚃	先ほど、
⚄	真夜中に、
⚅	あらしの夜に、

どこで

さいころ	
⚀	校庭で
⚁	屋上で
⚂	教室で
⚃	アメリカで
⚄	天の川で
⚅	木星で

だれが・何が

さいころ	
⚀	一年生が初めて
⚁	おじいさんが初めて
⚂	料理人が初めて
⚃	日本人が初めて
⚄	おりひめが初めて
⚅	うちゅう人が初めて

どうした。

さいころ	
⚀	元気に歌を歌った。
⚁	ホットケーキを作った。
⚂	パエリアを作った。
⚃	おどった。
⚄	天に願いごとをした。
⚅	光速でい動する飛行船をつくった。

先日、校庭で小学生が初めてマンモスの化石を発見した。

さいころを4回ふってニュース記事を作りましょう。

□に当たったら言葉を考えましょう。

名前　　年　　組

ウェブさいころ

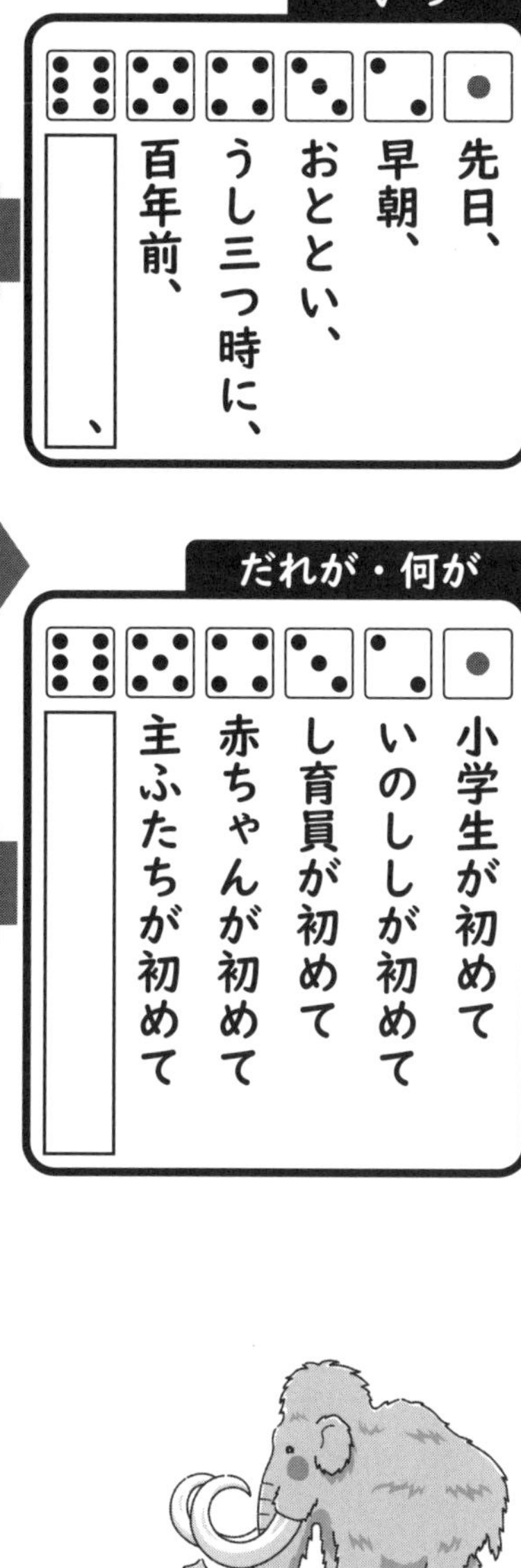

いつ

- ⚀ 先日、
- ⚁ 早朝、
- ⚂ おととい、
- ⚃ うし三つ時に、
- ⚄ 百年前、
- ⚅ □、

どこで

- ⚀ 校庭で
- ⚁ うら山で
- ⚂ 水族館で
- ⚃ 中国で
- ⚄ 八百屋さんで
- ⚅ □

だれが・何が

- ⚀ 小学生が初めて
- ⚁ いのししが初めて
- ⚂ し育員が初めて
- ⚃ 赤ちゃんが初めて
- ⚄ 主ふたちが初めて
- ⚅ □

どうした。

- ⚀ マンモスの化石を発見した。
- ⚁ たから物をほり返した。
- ⚂ イルカの赤ちゃんの出産に立ち会った。
- ⚃ ほう丸投げの新記録をじゅ立した。
- ⚄ 野菜のね上げに悲鳴をあげた。
- ⚅ □。

定義①

給食とは、なくてはならないものである。

さいころを2回ふって文を作りましょう。

名前

年　組

ウェブさいころ

さいころの目	文のはじめ
1	給食とは、
2	学校とは、
3	宿題とは、
4	そうじとは、
5	体育とは、
6	学芸会とは、

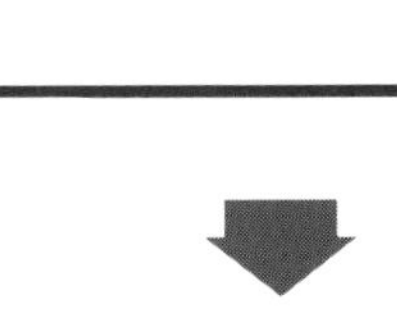

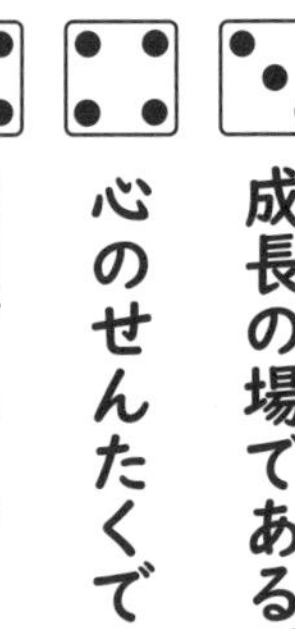

さいころの目	文のおわり
1	なくてはならないものである。
2	よろこびである。
3	成長の場である。
4	心のせんたくである。
5	試練である。
6	人生そのものである。

定義②

友じょうとは、かけがえのないものである。

名前　年　組

さいころを2回ふって文を作りましょう。
□に当たったら言葉を考えましょう。

ウェブさいころ

⚀ 友じょうとは、
⚁ 出会いとは、
⚂ 席がえとは、
⚃ 卒業とは、
⚄ 初めてのおつかいとは、
⚅ □、

⚀ かけがえのないものである。
⚁ 色あせないものである。
⚂ 希望の光である。
⚃ 新たな始まりである。
⚄ ぼうけんである。
⚅ □。

重文①

兄はよろけ、妹はふらついた。

名前　　年　組

さいころを2回ふって文を作りましょう。

⚀ 兄はよろけ、
⚁ わたしはよろこび、
⚂ ぼくは泣き、
⚃ 父はだまり、
⚄ 母は笑い、
⚅ 姉はにげ、

⚀ 妹はふらついた。
⚁ 弟はさけんだ。
⚂ 友だちはなげいた。
⚃ 先生はひざまずいた。
⚄ あいつは転んだ。
⚅ 犬はほえた。

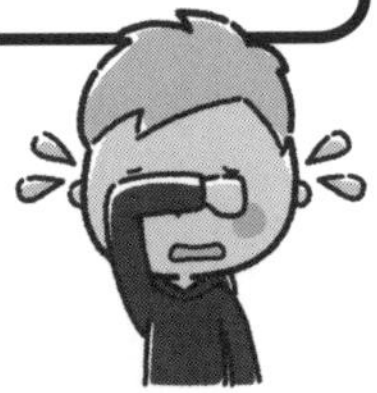

重文②

風はふきあれ、大地はゆれる。

名前
年　組

さいころを2回ふって文を作りましょう。
□に当たったら言葉を考えましょう。

ウェブさいころ

⚀ 風はふきあれ、
⚁ 犬はよろこび、
⚂ かみなりが落ち、
⚃ 海はとどろき、
⚄ 先生はいかり、
⚅ □、

⚀ 大地はゆれる。
⚁ ぼくはねむる。
⚂ 雨ははげしくなる。
⚃ ねこは丸くなる。
⚄ 空は光る。
⚅ □。

複文①

母が買ったさいふがなくなった。

さいころを2回ふって文を作りましょう。

名前

年　組

さいころ	1回め
⚀	母が買ったさいふが
⚁	父が打ったボールが
⚂	社長が作った茶わんが
⚃	先生が使っているパソコンが
⚄	ぼくが注文した本が
⚅	わたしがねていたふとんが

さいころ	2回め
⚀	なくなった。
⚁	ぬすまれた。
⚂	消えた。
⚃	ばく発した。
⚄	くさくなった。
⚅	ふっとんだ。

わたしが見たお化けがおどろいた。

さいころを2回ふって文を作りましょう。

□に当たったら言葉を考えましょう。

ウェブさいころ

名前

年　組

さいころ	
⚀	わたしが見たお化けが
⚁	ぼくが育てた犬が
⚂	鳥がつかまえたバッタが
⚃	妹が見ていたへびが
⚄	犬が発見したはん人が
⚅	□

↓

さいころ	
⚀	おどろいた。
⚁	飛びかかった。
⚂	消えさった。
⚃	かくれた。
⚄	気を失った。
⚅	□。

伝聞①

友達は野球をするそうだ。

さいころを3回ふって文を作りましょう。

名前　　年　　組

ウェブさいころ

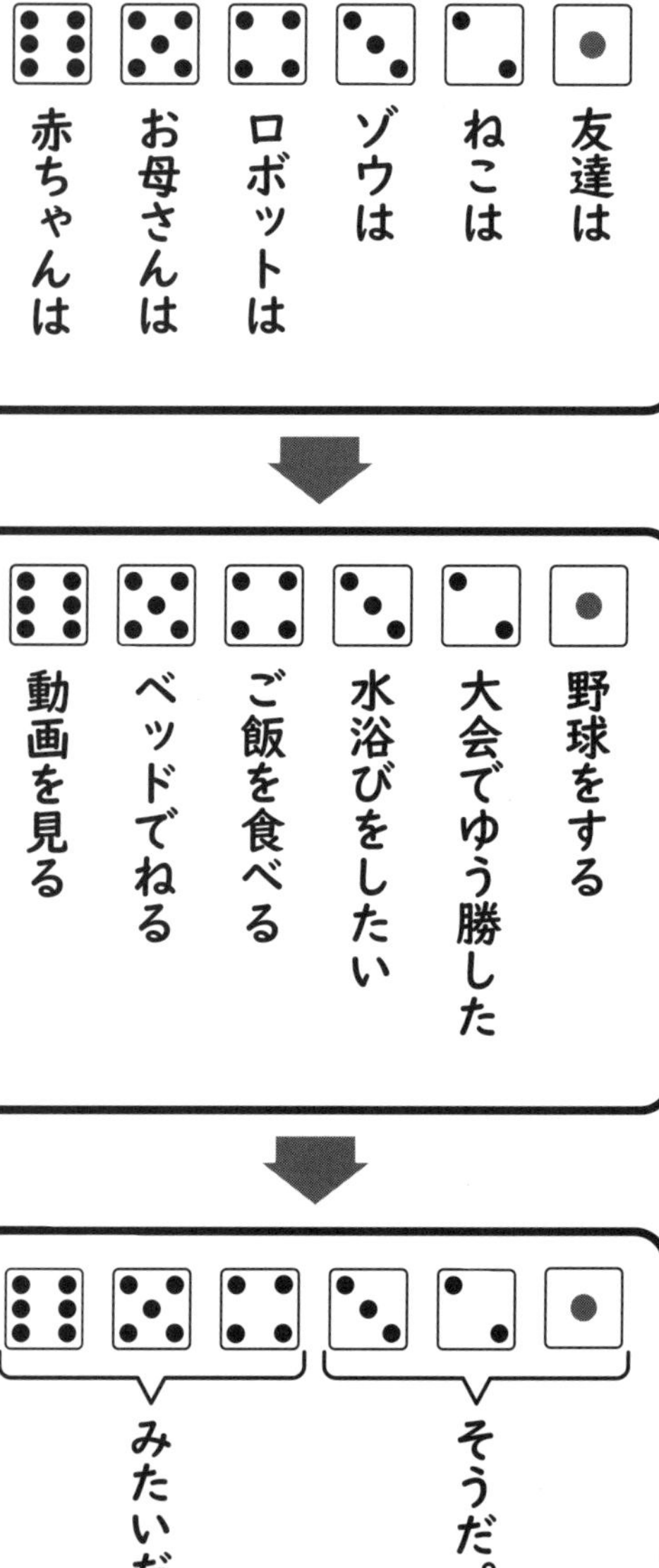

先生は海へ行きたいそうだ。

さいころを3回ふって文を作りましょう。
□に当たったら言葉を考えましょう。

名前　　年　　組

⚀ 先生は
⚁ 犬は
⚂ うさぎは
⚃ お化けは
⚄ お母さんは
⚅ □は

⚀ 海へ行きたい
⚁ ねぼけている
⚂ 部屋で消えた
⚃ ジャンケンで勝った
⚄ うその話を聞いた
⚅ □

⚀⚁⚂ そうだ。
⚃⚄⚅ みたいだ。

ウェブさいころ

推量①

友達はすしを食べるらしい。

名前　年　組

さいころを3回ふって文を作りましょう。

さいころ	
⚀	友達は
⚁	ねこは
⚂	ワニは
⚃	お父さんは
⚄	お母さんは
⚅	子どもは

↓

さいころ	
⚀	すしを食べる
⚁	大会でゆう勝する
⚂	お手玉投げをする
⚃	どうくつに行く
⚄	ほう石を売る
⚅	動画を見る

↓

さいころ	
⚀ ⚁ ⚂	らしい。
⚃ ⚄ ⚅	だろう。

ぼくたちはゆめが実げんするだろう。

さいころを3回ふって文を作りましょう。
□に当たったら言葉を考えましょう。

名前　年　組

ウェブさいころ

さいころ	
⚀	ぼくたちは
⚁	あなたは
⚂	お化けは
⚃	ロボットは
⚄	犬は
⚅	□は

↓

さいころ	
⚀	ゆめが実げんする
⚁	海に行く
⚂	ストレスがかい消する
⚃	ダイエットが成功する
⚄	なぞがかい決できる
⚅	□

↓

さいころ	
⚀ ⚁ ⚂	だろう。
⚃ ⚄ ⚅	らしい。

記録文①

一月十日、大きなケーキを食べた。死ぬかと思った。

さいころを3回ふって文章を作りましょう。

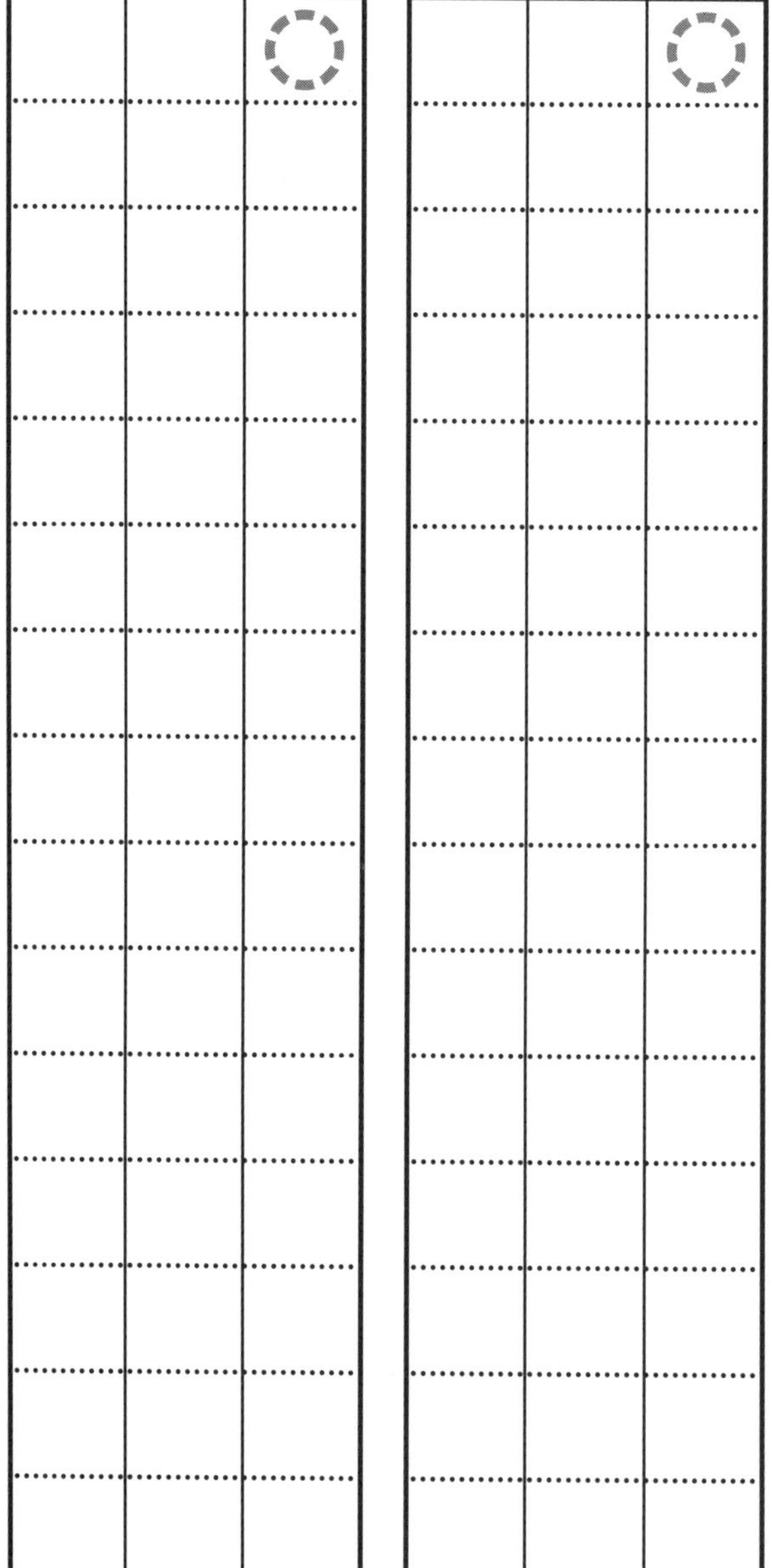

名前　　年　　組

ウェブさいころ

日付

さいころ	
1	一月十日、
2	三月三日、
3	六月二十四日、
4	八月一日、
5	十月二十日、
6	十二月八日、

事実（記録）

さいころ	
1	大きなケーキを食べた。
2	けん君とアニメの話をした。
3	めずらしくスーツを着てみた。
4	帰り道、千円札を拾った。
5	初めてジェットコースターに乗った。
6	休み時間、鉄ぼうで遊んだ。

感想・意見

さいころ	
1	死ぬかと思った。
2	たいくつであくびが出た。
3	気持ちが悪くなった。
4	運がよかった。
5	やめておくべきだった。
6	ひさびさに大笑いした。

二月九日、初めてバンジージャンプをした。こわかった。

名前　年　組

さいころを3回ふって文章を作りましょう。
□に当たったら言葉を考えましょう。

日付

●	⚁	⚂	⚃	⚄	⚅
二月九日、	四月一日、	七月七日、	九月二日、	十一月五日、	□、

事実（記録）

●	⚁	⚂	⚃	⚄	⚅
初めてバンジージャンプをした。	みかちゃんとデートした。	先生が急におこりだした。	どこかでさいふを落とした。	とつ然犬にほえられた。	□。

感想・意見

●	⚁	⚂	⚃	⚄	⚅
こわかった。	ドキドキした。	今では後かいしている。	気分がよかった。	うれしくてなみだが出た。	□。

原因と結果①

かぜをひいた。なぜなら、雨の中遊んでいたからだ。

名前　　年　　組

さいころを2回ふって文章を作りましょう。

ウェブさいころ

結果

⚀ かぜをひいた。
⚁ テストがれい点だった。
⚂ おなかがすいた。
⚃ 先生にしかられた。
⚄ バチが当たった。
⚅ ずる休みをした。

原因

⚀ なぜなら、雨の中遊んでいたからだ。
⚁ なぜなら、ふざけていたからだ。
⚂ なぜなら、冬みんしていたからだ。
⚃ なぜなら、ずっと外でねていたからだ。
⚄ なぜなら、ゲームが好きだからだ。
⚅ なぜなら、やる気がないからだ。

転げ回った。なぜなら、うれしかったからだ。

さいころを2回ふって文章を作りましょう。
□に当たったら言葉を考えましょう。

ウェブさいころ

名前
年　組

結果

⚀	⚁	⚂	⚃	⚄	⚅
転げ回った。	思いきり飛び上がった。	足が止まった。	天を見上げた。	なみだが流れた。	□。

原因

⚀	⚁	⚂	⚃	⚄	⚅
なぜなら、うれしかったからだ。	なぜなら、いたかったからだ。	なぜなら、びっくりしたからだ。	なぜなら、信じられなかったからだ。	なぜなら、くさかったからだ。	なぜなら、□。

事実と意見の区別①

先生は大男だ。ということは、とても強いのだろう。

名前　　　年　　組

さいころを2回ふって文章を作りましょう。

事実

- ⚀ 先生は大男だ。
- ⚁ ライオンは大型の動物だ。
- ⚂ ドラゴンは火をふくかいじゅうだ。
- ⚃ かくとう家は戦うのが仕事だ。
- ⚄ あの人はマッチョだ。
- ⚅ サメは歯がするどい。

意見

- ⚀ ということは、とても強いのだろう。
- ⚁ ということは、きょうぼうなのだろう。
- ⚂ ということは、おそろしいのだろう。
- ⚃ ということは、らんぼうなのだろう。
- ⚄ ということは、あらあらしいのだろう。
- ⚅ ということは、おこったらこわいのだろう。

大きな川がある。ということは、遊んだら気持ちがいいのだろう。

名前　　年　　組

さいころを2回ふって文章を作りましょう。
□に当たったら言葉を考えましょう。

ウェブさいころ

事実

⚀ 大きな川がある。
⚁ 外は晴れている。
⚂ 今は九月である。
⚃ 体育館が新しくなった。
⚄ この部屋にはたたみがしいてある。
⚅ この公園にはしばふが多い。

意見

⚀ ということは、遊んだら気持ちがいいのだろう。
⚁ ということは、とても美しいながめなのだろう。
⚂ ということは、ボールを投げたくなるのだろう。
⚃ ということは、昼ねをしたら気持ちがいいのだろう。
⚄ ということは、スキップをしたくなるのだろう。
⚅ ということは、□だろう。

引用と解釈①

教科書には「息をのんだ」と書いてある。ということは、好きな人に会ったのだろう。

さいころを2回ふって文章を作りましょう。

名前　年　組

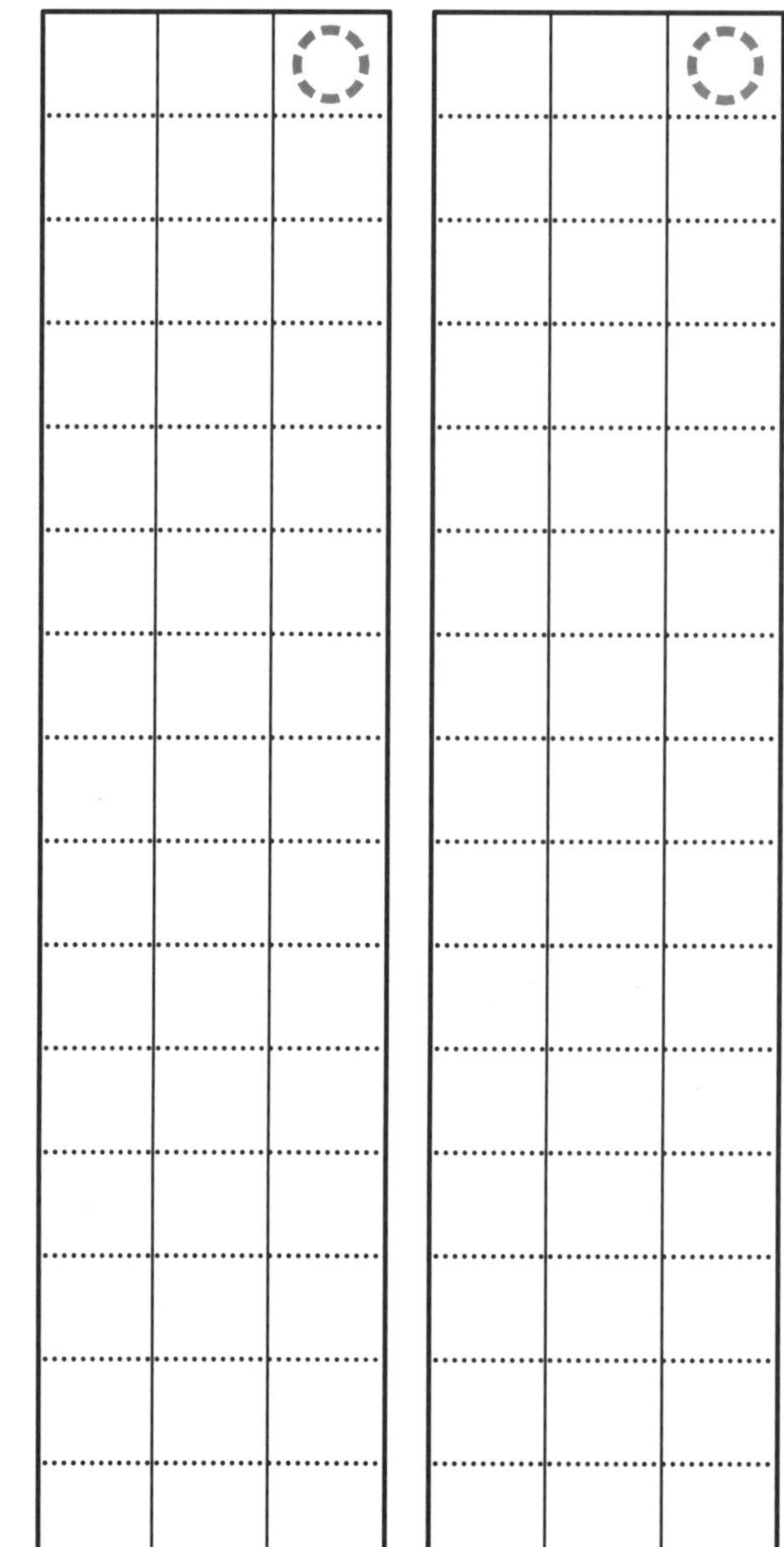

ウェブさいころ

引用

⚀ 教科書には「息をのんだ」と書いてある。
⚁ 教科書には「目が点になった」と書いてある。
⚂ 教科書には「手にあせをにぎった」と書いてある。
⚃ 教科書には「われをわすれた」と書いてある。
⚄ 教科書には「鳥はだが立った」と書いてある。
⚅ 教科書には「心がさわいだ」と書いてある。

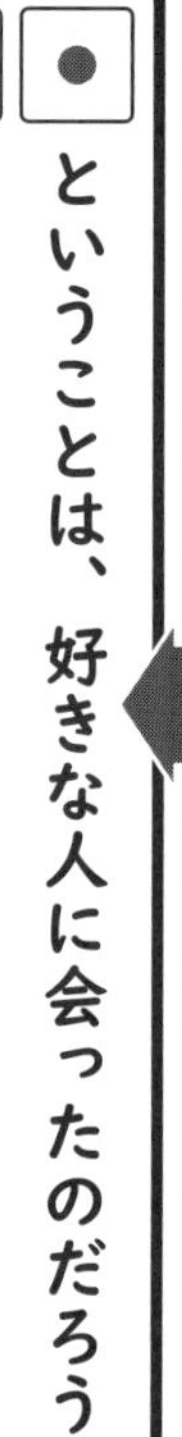

解釈

⚀ ということは、好きな人に会ったのだろう。
⚁ ということは、明日はテストがあるのだろう。
⚂ ということは、決勝は大せっ戦だったのだろう。
⚃ ということは、いたずらがばれたのだろう。
⚄ ということは、テストの点が悪かったのだろう。
⚅ ということは、たからくじが当たったのだろう。

教科書には「どきどき」と書いてある。ということは、二人は仲良しなのだろう。

名前　年　組

[　　]に当たったら言葉を考えましょう。

さいころを2回ふって文章を作りましょう。

ウェブさいころ

引用

⚀ 教科書には「どきどき」と書いてある。
⚁ 教科書には「わくわく」と書いてある。
⚂ 教科書には「うきうき」と書いてある。
⚃ 教科書には「きらきら」と書いてある。
⚄ 教科書には「にこにこ」と書いてある。
⚅ 教科書には「　　」と書いてある。

解釈

⚀ ということは、二人は仲良しなのだろう。
⚁ ということは、好きなのだろう。
⚂ ということは、デート中なのだろう。
⚃ ということは、こく白されたのだろう。
⚄ ということは、両おもいなのだろう。
⚅ ということは、　　だろう。

文と文の接続（転換）①

朝の六時になった。さて、ご飯を食べに行こう。

さいころを3回ふって文章を作りましょう。

名前

年　組

⚅⚄　朝の六時になった。
⚃⚂　昼の十二時になった。
⚁⚀　夜の八時になった。

↓

⚅⚄　さて、
⚃⚂　では、
⚁⚀　それでは、

↓

⚀　ご飯を食べに行こう。
⚁　散歩に出かけよう。
⚂　ダンスの練習を始めよう。
⚃　友達とチャットを始めよう。
⚄　宿題を終わらせよう。
⚅　何をすればよいのだろう。

明日は運動会だ。さて、最後の練習を始めよう。

さいころを3回ふって文章を作りましょう。
□に当たったら言葉を考えましょう。

名前
年　組

ウェブさいころ

さいころ	文
⚀ ⚁	明日は運動会だ。
⚂ ⚃	明日は学芸会だ。
⚄ ⚅	明日は音楽会だ。

さいころ	言葉
⚀ ⚁	さて、
⚂ ⚃	では、
⚄ ⚅	それでは、

さいころ	文
⚀	最後の練習を始めよう。
⚁	イメージトレーニングをしよう。
⚂	必要な物をじゅんびしよう。
⚃	気合いを入れよう。
⚄	衣しょうのじゅんびをしよう。
⚅	□。

主張と事例①

わたしはペットを大切にするべきだと考える。例えば、犬を毎日散歩に連れていくということだ。

さいころを2回ふって文章を作りましょう。

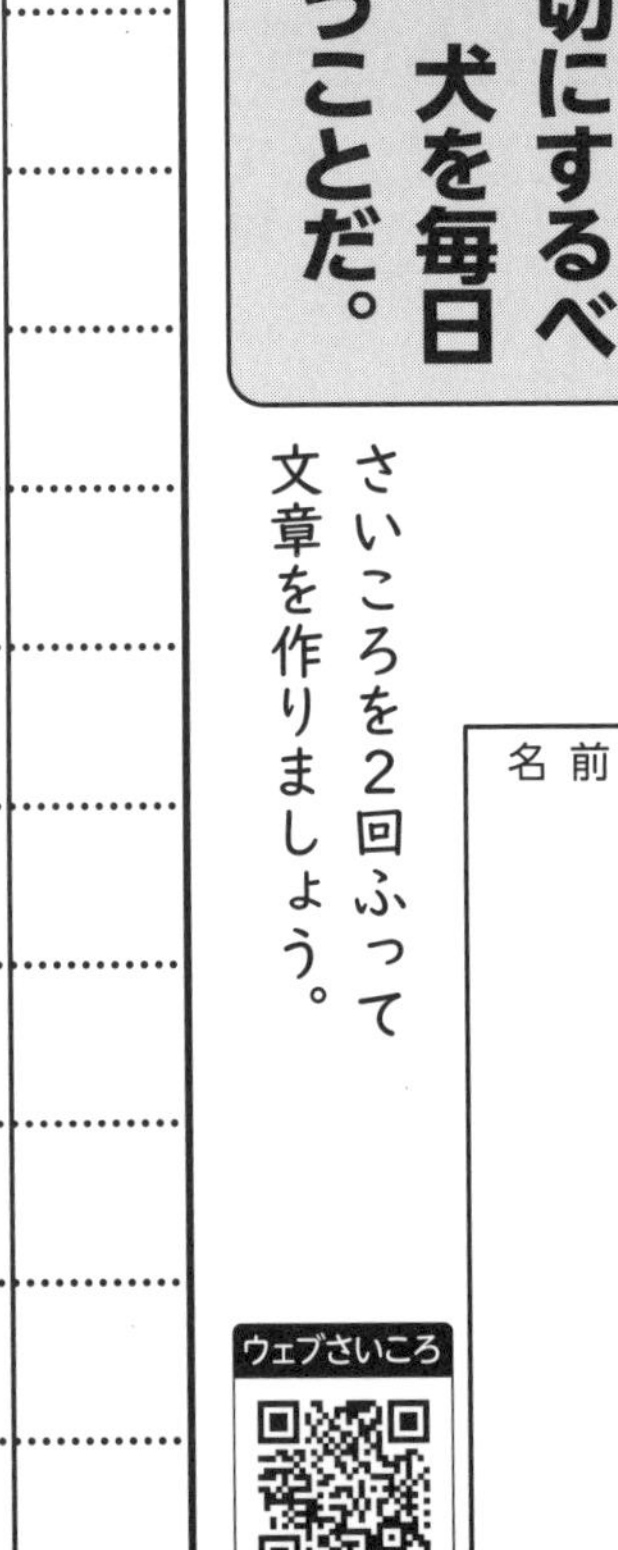

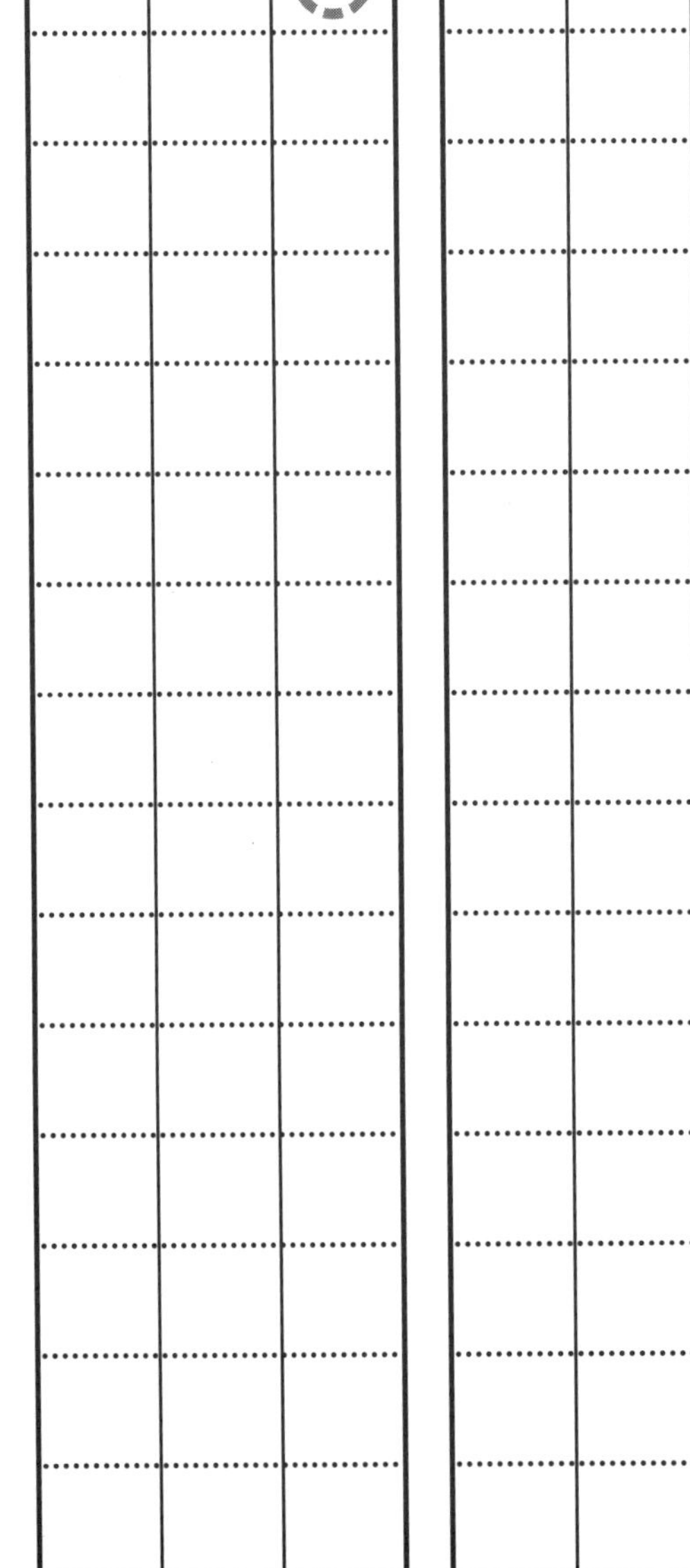

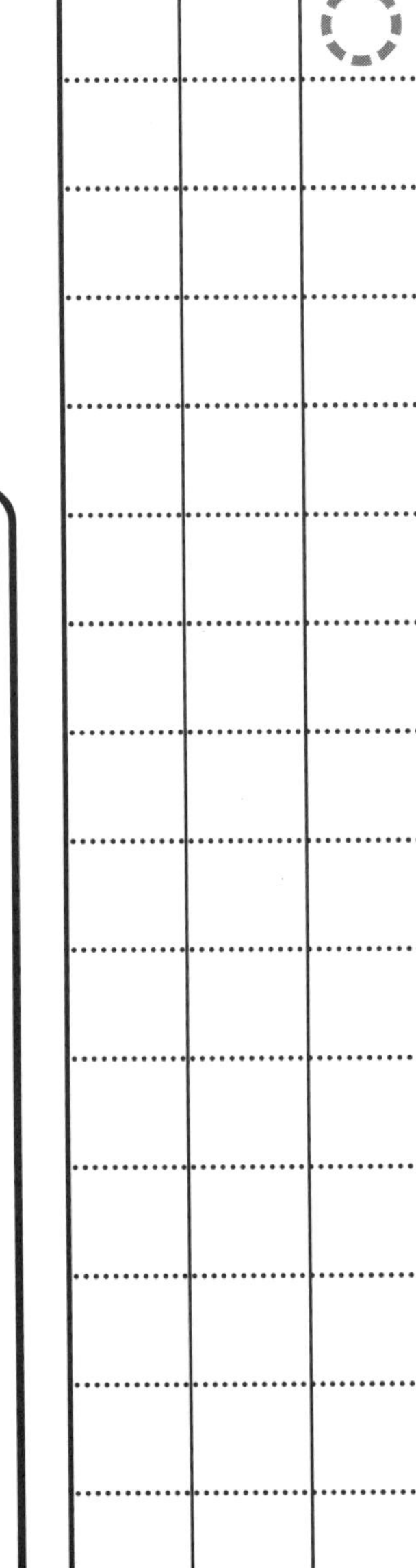

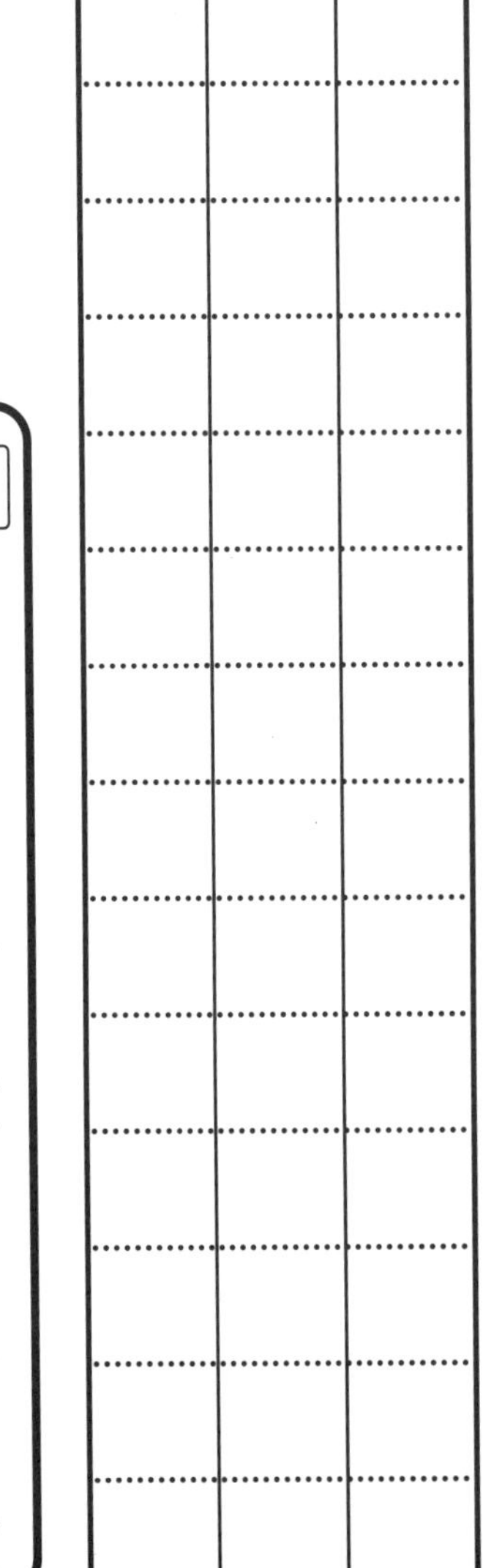

⚀⚁⚂ わたしはペットを大切にするべきだと考える。

- ⚀ 例えば、犬を毎日散歩に連れていくということだ。
- ⚁ 例えば、しつけをしっかりするということだ。
- ⚂ 例えば、毎日頭をなでてあげるということだ。
- ⚃ 例えば、公園で遊ばせてあげるということだ。
- ⚄ 例えば、旅行に連れていくということだ。
- ⚅ 例えば、最後まで世話をするということだ。

⚃⚄⚅ わたしは家族を大切にするべきだと考える。

- ⚀ 例えば、毎日今日の出来事を話すということだ。
- ⚁ 例えば、「ありがとう」と伝えることだ。
- ⚂ 例えば、食事をいっしょにとるということだ。
- ⚃ 例えば、だんらんの時間を作るということだ。
- ⚄ 例えば、記念日にお祝いするということだ。
- ⚅ 例えば、思い出をたくさん作るということだ。

名前　　年　組

さいころを2回ふって文章を作りましょう。□に当たった言葉を考えましょう。

ウェブさいころ

わたしは自然を守っていくべきだと考える。例えば、山や森を残していくということだ。

わたしは自然を守っていくべきだと考える。（⚀⚁⚂）

- ⚀ 例えば、山や森を残していくということだ。
- ⚁ 例えば、木を積極的に植えていくということだ。
- ⚂ 例えば、ごみのポイすてをしないということだ。
- ⚃ 例えば、リサイクルを進めていくということだ。
- ⚄ 例えば、草花を大切にするということだ。
- ⚅ 例えば、□ということだ。

わたしは産業を発てんさせていくべきだと考える。（⚃⚄⚅）

- ⚀ 例えば、道路をたくさんつくるということだ。
- ⚁ 例えば、たくさん消ひをするということだ。
- ⚂ 例えば、ゆ出とゆ入を積極的にするということだ。
- ⚃ 例えば、海外から働く人をぼ集するということだ。
- ⚄ 例えば、ICTを取り入れていくということだ。
- ⚅ 例えば、□ということだ。

主張と根拠①

わたし（ぼく）は犬をかいたい。なぜなら、いっしょに散歩できるからだ。

名前　年　組

さいころを2回ふって主張（ちょう）の文章を作りましょう。

ウェブさいころ

テーマ

ペットは犬とねこ、どちらをかいたいか。

（さいころ 3・2・1）わたし（ぼく）は犬をかいたい。

（さいころ 1・2・3・4・5・6）
- （1）なぜなら、いっしょに散歩できるからだ。
- （2）なぜなら、かい主のいうことをよく聞くからだ。
- （3）なぜなら、おすわりができるからだ。
- （4）なぜなら、投げたボールを取ってくるからだ。
- （5）なぜなら、泳げるからだ。
- （6）なぜなら、家を守ってくれるからだ。

（さいころ 6・5・4）わたし（ぼく）はねこをかいたい。

（さいころ 1・2・3・4・5・6）
- （1）なぜなら、散歩をしなくていいからだ。
- （2）なぜなら、手がかからないからだ。
- （3）なぜなら、身体がやわらかいからだ。
- （4）なぜなら、静かで近所めいわくにならないからだ。
- （5）なぜなら、高いところにのぼれるからだ。
- （6）なぜなら、においがしないからだ。

わたし（ぼく）は米を食べたい。なぜなら、おにぎりにして食べられるからだ。

名前　　年　　組

さいころを2回ふって主張（ちょう）の文章を作りましょう。

□に当たったら言葉を考えましょう。

ウェブさいころ

テーマ

主食は米とパン、どちらを食べたいか。

⚀⚁⚂ わたし（ぼく）は米を食べたい。

⚃⚄⚅ わたし（ぼく）はパンを食べたい。

⚀ なぜなら、おにぎりにして食べられるからだ。
⚁ なぜなら、いろいろなおかずに合うからだ。
⚂ なぜなら、ふりかけで味を変えられるからだ。
⚃ なぜなら、おわんにもる量を調整できるからだ。
⚄ なぜなら、けんこうによいと言われているからだ。
⚅ なぜなら、□からだ。

⚀ なぜなら、すぐに食べることができるからだ。
⚁ なぜなら、いろいろな種類があるからだ。
⚂ なぜなら、焼くと食感が変わるからだ。
⚃ なぜなら、ぬるもので味を変えられるからだ。
⚄ なぜなら、時間がたっても味が変わらないからだ。
⚅ なぜなら、□からだ。

主張と根拠（お願い作文）①

お父さん、お願いです。ぼくはどうしても、キャビアを食べてみたいのです。なぜなら、想ぞうしただけでワクワクするからです。

さいころを4回ふって、お願いする文章を作りましょう。

ウェブさいころ

名前　　年　組

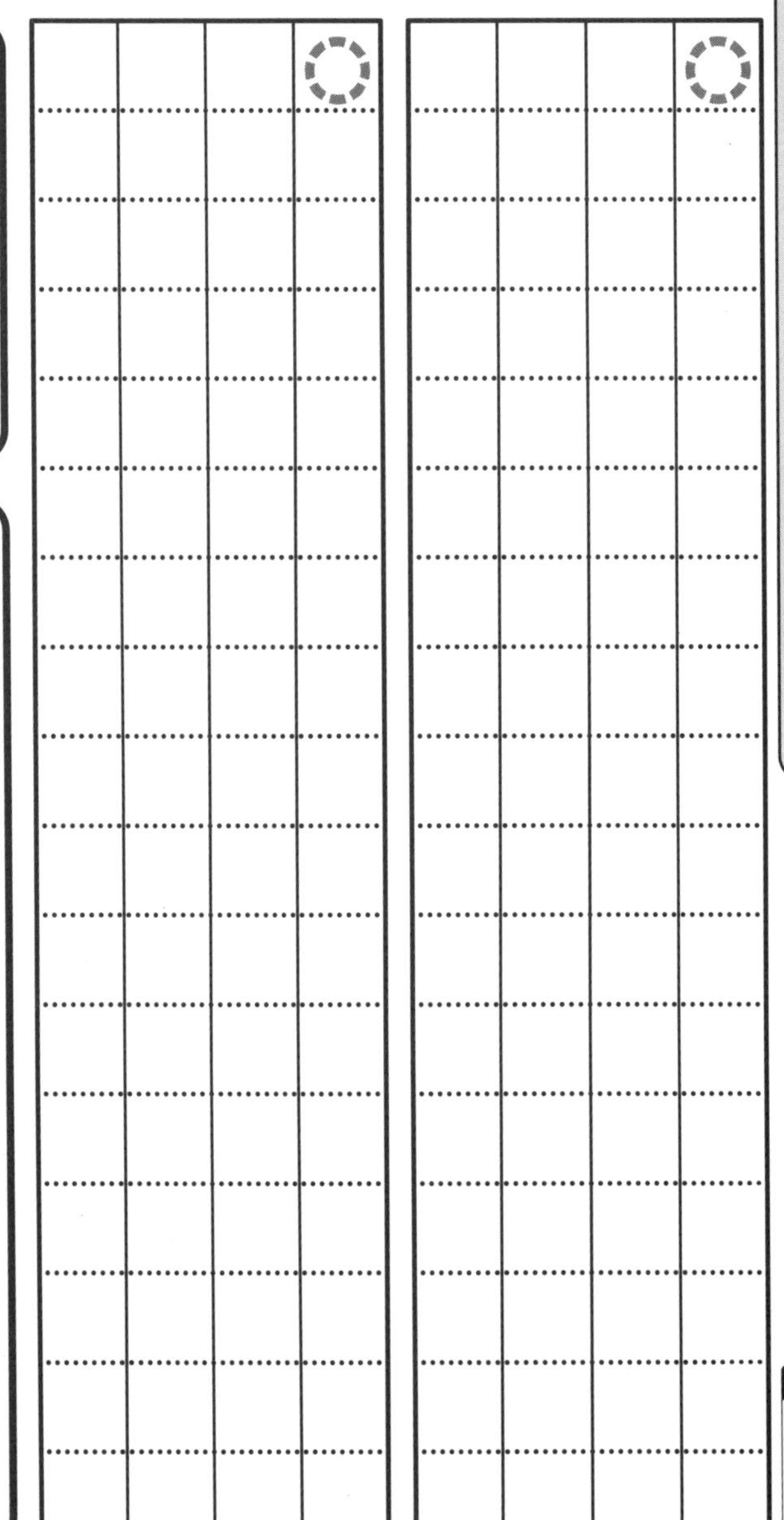

⚀ お父さん、お願いです。
⚁ お父さん、お願いです。
⚂ お母さん、お願いです。
⚃ お母さん、お願いです。
⚄ 先生、お願いです。
⚅ 先生、お願いです。

⚀ ぼくは
⚁ ぼくは
⚂ 私は
⚃ 私は
⚄ われわれは
⚅ われわれは

⚀ どうしても、キャビアを食べてみたいのです。
⚁ どうしても、百万円ほしいのです。
⚂ どうしても、世界一周旅行に行きたいのです。
⚃ どうしても、犬を百ぴきかいたいのです。
⚄ どうしても、レストランをかし切りにしてほしいのです。
⚅ どうしても、無人島に住んでみたいのです。

⚀ なぜなら、想ぞうしただけでワクワクするからです。
⚁ なぜなら、想ぞうしただけでワクワクするからです。
⚂ なぜなら、よい思い出になるからです。
⚃ なぜなら、よい思い出になるからです。
⚄ なぜなら、みんなに自まんしたいからです。
⚅ なぜなら、みんなに自まんしたいからです。

校長先生、お願いです。ぼくはどうしても、空きかんを百こほしいのです。なぜなら、〜に使うからです。

さいころを4回ふって、お願いする文章を作りましょう。
□に当たったら言葉を考えましょう。

名前

年　組

ウェブさいころ

1・2　校長先生、お願いです。
3・4　（友達の名前）さん、お願いです。
5・6　そう理大臣、お願いです。

1・2　ぼくは
3・4　私は
5・6　われわれは

1　どうしても、空きかんを百こほしいのです。
2　どうしても、百万円ほしいのです。
3　どうしても、スマホを百台ほしいのです。
4　どうしても、くさったキャベツをほしいのです。
5　どうしても、こわれたテレビをほしいのです。
6　どうしても、□ほしいのです。

1・2　なぜなら、□に使うからです。
3・4　なぜなら、□を作るからです。
5・6　なぜなら、□したいからです。

反対意見作文（なぜなら）①

休み時間に野球をするという意見に反対だ。なぜなら、昼ねをして休む方がよいからだ。

さいころを2回ふって文章を作りましょう。

名前　　年　　組

反対表明

- ⚀ 休み時間に野球をするという意見に反対だ。
- ⚁ 休み時間にサッカーをするという意見に反対だ。
- ⚂ 休み時間にしょうぎをするという意見に反対だ。
- ⚃ 休み時間に虫をとるという意見に反対だ。
- ⚄ 休み時間に草むしりをするという意見に反対だ。
- ⚅ 休み時間に勉強をするという意見に反対だ。

理由

- ⚀ なぜなら、昼ねをして休む方がよいからだ。
- ⚁ なぜなら、ドッジボールの方がよいからだ。
- ⚂ なぜなら、全員で楽しむことができないからだ。
- ⚃ なぜなら、反対意見がたくさんあるからだ。
- ⚄ なぜなら、おにごっこの方が楽しいからだ。
- ⚅ なぜなら、私は先生の手品を見たいからだ。

この花は赤色だという意見に反対だ。なぜなら、光の反しゃでそのように見えているからだ。

さいころを2回ふって文章を作りましょう。
□に当たったら言葉を考えましょう。

名前　　年　　組

ウェブさいころ

反対表明

さいころ	反対表明
●	この花は赤色だという意見に反対だ。
⚁	この花は黄色だという意見に反対だ。
⚂	この花は青色だという意見に反対だ。
⚃	この花は緑色だという意見に反対だ。
⚄	この花はむらさき色だという意見に反対だ。
⚅	この花は白色だという意見に反対だ。

理由

さいころ	理由
●	なぜなら、光の反しゃでそのように見えているからだ。
⚁	なぜなら、暗い部屋の中ではハッキリしないからだ。
⚂	なぜなら、七色に見える不思議な花だからだ。
⚃	なぜなら、これはイラストで実物ではないからだ。
⚄	なぜなら、先生が手品で色を変えたからだ。
⚅	なぜなら、□からだ。

反対意見作文（もし）①

うどんはラーメンではない。もし、うどんがラーメンならば、とんこつ味や塩味があるはずだ。

さいころを2回ふって文章を作りましょう。

名前　　年　　組

ウェブさいころ

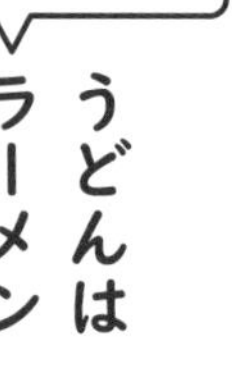

うどんはラーメンではない。

もし、うどんがラーメンならば、とんこつ味や塩味があるはずだ。

もし、うどんがラーメンならば、めんがもっと細いはずだ。

もし、うどんがラーメンならば、チャーシューがのっているはずだ。

牛どんは親子どんではない。

もし、牛どんが親子どんならば、とり肉やたまごが入っているはずだ。

もし、牛どんが親子どんならば、べにしょうがではなく三つ葉がのっているはずだ。

もし、牛どんが親子どんならば、牛はたまごから生まれてくるはずだ。

うちゅう人はお化けではない。もし、うちゅう人がお化けならば、足がないはずだ。

さいころを2回ふって文章を作りましょう。
□に当たったら言葉を考えましょう。

名前

年　組

ウェブさいころ

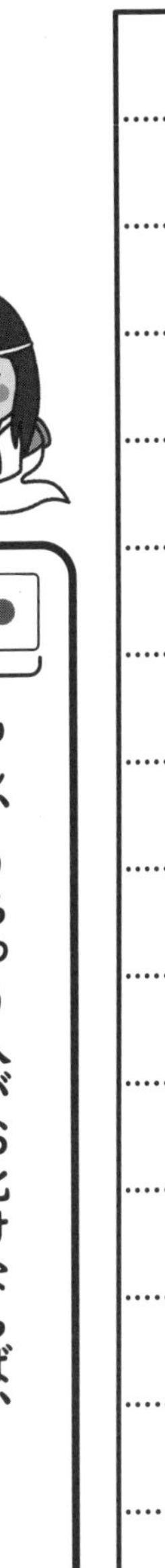

（⚀⚁⚂）うちゅう人はお化けではない。

（⚃⚄⚅）うちゅう人はそんざいしない。

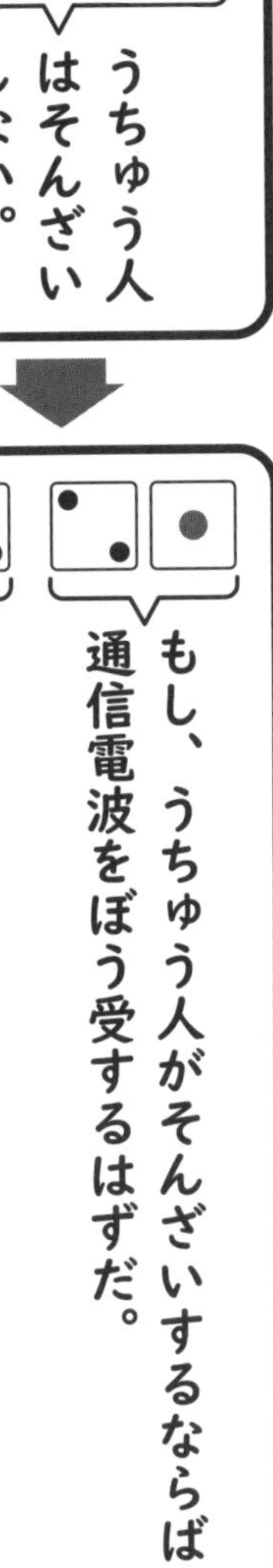

うちゅう人はお化けではない。

- （⚁⚀）もし、うちゅう人がお化けならば、足がないはずだ。
- （⚃⚂）もし、うちゅう人がお化けならば、UFOに乗らず井戸から出てくるはずだ。
- （⚅⚄）もし、うちゅう人がお化けならば、□はずだ。

うちゅう人はそんざいしない。

- （⚁⚀）もし、うちゅう人がそんざいするならば、通信電波をぼう受するはずだ。
- （⚃⚂）もし、うちゅう人がそんざいするならば、もっと、地球にやってくるはずだ。
- （⚅⚄）もし、うちゅう人がそんざいするならば、□はずだ。

◎編著者

村野　聡

◎執筆者一覧

石澤　智　東京都公立小学校
植木和樹　東京都公立小学校
鬼澤信一　東京都公立小学校
加藤雅成　東京都公立小学校
黒田陽介　東京都公立小学校
塩原堅太　千葉県放課後デイサービス
紫前明子　北海道公立小学校
清水康弘　神奈川県公立小学校
高橋久樹　三重県公立小学校
田上尚美　大阪府公立小学校
千葉雄二　東京都公立小学校
徳永　剛　神奈川県公立小学校
古川恵美子　東京都公立小学校
保坂雅幸　東京都公立小学校
増田直純　東京都公立小学校
松本学美　埼玉県公立小学校
村野　聡　元東京都公立小学校
横井直弥　三重県公立小学校

村野聡作文指導研究室

2021年11月に「作文力＝思考力」を合言葉に立ち上げたオンライン研究室。
オンライン上で作文指導法の研究、教材開発、出版企画、実践交流等を行っている。

【代表】

村野　聡（むらの・さとし）

1963年　東京都生まれ

34年間の公立小学校教諭を経て、現在、教材開発士、教師系YouTuber

〈主な著書〉

『「ピンポイント作文」トレーニングシート』(2012)
『ピックアップ式作文指導レシピ33』(2014)
（以上、明治図書）
『子どもが一瞬で書き出す！"4コマまんが"作文マジック』(2017)
『200字ピッタリ作文★指導ステップ&楽しい題材テーマ100』(2018)
『"うつす・なおす・つくる"の3ステップ　スラスラ書ける作文ワーク厳選44』(2018)
『学級経営365日実物資料～プロの日常活動入手！珠玉のダイアリー』(2020)
『子どもの脳が楽しく全開！授業で活躍　社会科クロスワードパズル127』(2021)
（以上、学芸みらい社）

村野式熱中ゲーム　さいころ作文96

"言葉の決まり"ワクワク身につく新学習方式の提案

二〇二三年二月十日　初版発行
二〇二三年十二月二十五日　第二版発行

著　者　村野聡作文指導研究室
発行者　小島直人
発行所　株式会社学芸みらい社
〒一六二-〇八三三
東京都新宿区箪笥町三一番　箪笥町SKビル3F
電話番号：〇三-五二二七-一二六六
https://www.gakugeimirai.jp/
E-mail：info@gakugeimirai.jp

印刷所・製本所　シナノ印刷株式会社
企　画　樋口雅子
校　正　阪井一仁
装　丁　小沼孝至
本文組版　橋本　文
カバー・本文イラスト　辻野裕美

ISBN978-4-86757-017-3 C3037